MODERN LANGUAGES STUDY GUIDES

FILM STUDY GUIDE FOR AS/A-LEVEL GERMAN

Good Bye, Lenin!

dir. Wolfgang Becker

Geoff Brammall

HODDER
EDUCATION
AN HACHETTE UK COMPANY

The Publishers would like to thank the following for permission to reproduce copyright material.

Photo credits

p.9 Barry Lewis/Alamy; **p.16** Photo 12/Alamy; **p.23** Photo 12/Alamy; **p.28** AF Archive/Alamy; **p.39** AF Archive/Alamy; **p.43** Photo 12/Alamy; **p.57** Photo 12/Alamy; **p.64** AF Archive/Alamy; **p.66** AF Archive/Alamy

Every effort has been made to trace all copyright holders, but if any have been inadvertently overlooked, the Publishers will be pleased to make the necessary arrangements at the first opportunity.

Although every effort has been made to ensure that website addresses are correct at time of going to press, Hodder Education cannot be held responsible for the content of any website mentioned in this book. It is sometimes possible to find a relocated web page by typing in the address of the home page for a website in the URL window of your browser.

Hachette UK's policy is to use papers that are natural, renewable and recyclable products and made from wood grown in sustainable forests. The logging and manufacturing processes are expected to conform to the environmental regulations of the country of origin.

Orders: please contact Bookpoint Ltd, 130 Park Drive, Milton Park, Abingdon, Oxon OX14 4SE. Telephone: (44) 01235 827720. Fax: (44) 01235 400454. Email education@bookpoint.co.uk Lines are open from 9 a.m. to 5 p.m., Monday to Saturday, with a 24-hour message answering service. You can also order through our website: www.hoddereducation.co.uk

ISBN: 978 1 4718 9184 7

© Geoff Brammall, 2017

First published in 2017 by

Hodder Education,

An Hachette UK Company

Carmelite House

50 Victoria Embankment

London EC4Y 0DZ

www.hoddereducation.co.uk

Impression number   10 9 8 7 6 5 4 3 2

Year   2020 2019 2018 2017

Cover photo © Kho/123RF.com

Typeset in India

Printed in Slovenia

A catalogue record for this title is available from the British Library.

Contents

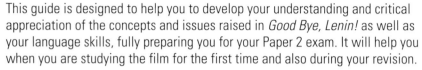

This guide is designed to help you to develop your understanding and critical appreciation of the concepts and issues raised in *Good Bye, Lenin!* as well as your language skills, fully preparing you for your Paper 2 exam. It will help you when you are studying the film for the first time and also during your revision.

A mix of German and English is used throughout the guide to ensure you learn key vocabulary and structures you'll need for your essay, while also allowing you to develop a deep understanding of the work.

Approximate timings are given in scene summaries to help you find your way around the DVD, but as different versions vary slightly, they might not always be exact.

The following features have been used throughout this guide to help build your language skills and focus your understanding of the film:

die Wende
'turning point' =
9 November 1989

For every paragraph in German, key vocabulary is highlighted and translated. Make sure you know these words so you can write an essay with accurate language and a wide range of vocabulary, which is essential to receive the top mark for AO3.

Activity

A mix of activities are found throughout the book to test your knowledge of the work and develop your vocabulary and grammar. Longer writing tasks will help prepare you for your exam.

Build critical skills

These boxes offer an opportunity to consider some more challenging questions. They are designed to encourage deeper thinking and analysis to take you beyond what happens in the film to explore why the director has used particular techniques, and the effects they have on you. These analytical and critical skills are essential for success in AO4 in the exam.

TASK

Short tasks are included throughout the book to test your knowledge of the film. These require short written answers.

Key quotation

Key quotations are highlighted as they may be useful supporting evidence in your essay.

Das Leben in unserem Land wurde immer schneller.
(Alex)

GRADE *BOOSTER*

These top tips will advise you on what to do, as well as what not to do, to maximise your chances of success in the examination.

Answers

Answers to every activity, task and critical skills question can be found online at **www.hoddereducation.co.uk/mfl-study-guide-answers**

The film begins in the summer of 1978. Alex Kerner, aged 10, and his sister, Ariane (12) are watching the television broadcast showing the launch of the rocket carrying the East German cosmonaut Sigmund Jähn as the first German in space. At the same time Stasi officers are interviewing their mother, Christiane, because their father has fled the country to West Germany. Christiane reacts in anger and from that moment on ceases to speak.

After eight weeks Christiane returns home with her speech restored. She begins a new life without her husband and engages herself fully in the life of the German Democratic Republic (GDR). She receives a gold award for her services to the state. Alex dreams of becoming the second German in space.

Eleven years later, in October 1989, the GDR celebrates its fortieth anniversary with military parades. Ariane is a single mother. Alex, now a typical young man, joins a freedom demonstration. During the march he chokes on a piece of apple and is helped by an attractive young girl. The march is brutally broken up by the police and Christiane watches as Alex is arrested. As Alex is driven away, Christiane collapses with a heart attack. While she lies in a coma in hospital, the Berlin Wall comes down and the GDR ceases to exist.

Ariane gives up her university studies, takes a job with Burger King and meets a new partner, Rainer, a Wessi. Alex falls in love with his mother's nurse, Lara, his 'saviour' from the protest march. He times his visits to the hospital to coincide with Lara's shifts. Alex's television firm closes down, but he gets a new job, fitting satellite dishes. His partner, Denis, is from the West. Denis has a second job filming weddings and family occasions and has all the necessary technical equipment at home.

In June 1990, Christiane awakes from her coma, but the doctor makes it clear that her situation is still critical. Any kind of excitement could cause a second and fatal heart attack. When she asks what has happened in the meanwhile Alex tells her a white lie – that she collapsed at the supermarket. He wants to take her home to prevent her from hearing of the collapse of the GDR.

Alex wants to furnish her room exactly as it was, but Rainer (who has moved in as a lodger) will have to move out. Alex's determination causes a family row. Against the doctor's advice Alex takes his mother home. His mother expresses a wish for some gherkins from the Spreewald, but the shops no longer have them. They search for Christiane's bank book to change her money into D-Mark, but they cannot find it. Alex searches for old jars in the rubbish skip to put the replacement products in. Christiane wants to watch television, but they put her off by saying it would be too tiring. They try to get power of attorney over Christiane's money, saying that they need it to buy the new Trabant car, but she tells them she has hidden the money and she cannot remember where.

Alex and Lara move into a deserted flat. She is delighted that the phone still works and that the cupboard is full of old GDR foodstuffs. They plan to celebrate Christiane's birthday, but the guests have to be warned that Christiane does not know that the Wall has come down. Rainer is given a detailed history of his 'life in the GDR'. Denis has recorded a large number of video cassettes with old GDR television programmes. At the party two boys, dressed as Young Pioneers, sing the song which Christiane taught them. Dr Klapprath gives her a present from the 'leaders of the party'. While Alex is wishing his mother happy birthday, a large Coca-Cola drape is being unrolled on the side of the building opposite. Lara does not agree with Alex's subterfuges and leaves. Alex and Denis film a news broadcast claiming that the original recipe for Coca-Cola was developed in Leipzig in the 1950s.

Christiane suddenly remembers where she hid her money – in the old furniture which has been put out for disposal. Alex finds the money, but the bank refuses to change it because the deadline for exchanging East German Marks has expired. From the roof of the flats he throws the money to the four winds.

Christiane's health improves and she takes up her letter writing again. But her improving health causes arguments between Alex, Ariane and Rainer. Ariane reveals that she has seen her father, buying burgers. The situation takes its toll on Alex and he falls asleep in his mother's room. While he is asleep she leaves the flat and encounters the changed world: a family from Wuppertal in the Bundesrepublik is moving in. There is an advert for IKEA and there are Volkswagen cars on the street. A helicopter carries away a statue of Lenin. To explain the situation, Alex and Denis make another news 'broadcast', saying that Honecker has welcomed refugees from the West. But Christiane decides to help by offering their summer house as accommodation for the 'refugees'. Ariane reveals that she is pregnant and that she and Rainer are going to move out, leaving Alex alone with his mother.

The family pays a visit to the summer house. While they are there, Christiane reveals that she lied about their father. He fled to the West and she was supposed to follow with the children, but she was too frightened to do it. She hid his letters in the kitchen cupboard. That evening Christiane has another heart attack. Ariane finds the letters and discovers he is living in Wannsee. Alex goes there by taxi. The taxi driver looks like Sigmund Jähn. His father is giving a party. Alex joins two children watching television (his half-brother and sister). His father comes in and discovers who Alex is. Robert agrees to go and see Christiane. Before he arrives, Lara tells Christiane that the GDR no longer exists.

Alex and Denis make a final news broadcast, saying that Honecker has resigned and that Sigmund Jähn (played by the taxi driver!) is his successor. 'Jähn' explains that he has decided to open the borders of the GDR and that people from the West have come to enjoy the advantages of socialism. Although Lara has told her the truth, Christiane appears impressed. Outside a firework display (actually celebrating reunification) takes place.

Soon after this, Christiane dies. Alex places her ashes in a model rocket and fires them into the cosmos. In a final voice-over, Alex says that he will always associate the GDR he created with his mother.

Der historische Hintergrund

Nach dem Zweiten Weltkrieg wurde Deutschland von den Allierten (USA, Russland, Frankreich, Großbritannien) in vier **Besatzungszonen** geteilt. Wegen ihrer Wichtigkeit wurde die Hauptstadt Berlin in vier ähnliche Zonen geteilt. Aber die Russen führten in ihrer Zone Änderungen ein, die sich auf das kommunistische System in Russland beziehen.

Der Konflikt zwischen Ost und West entwickelte sich zu einer Art Krieg, dem sogenannten „Kalten Krieg" (Cold War). In einer berühmten Rede am 5. März 1946 in Fulton, Missouri, nannte Winston Churchill die Trennung zwischen Ost und West den „Eisernen Vorhang" (Iron Curtain).

die Besatzungszone zone of occupation

der historische Hintergrund historical background

Wichtige Ereignisse in der Geschichte der DDR	
7. Oktober 1949	**Gründung** der DDR
8. Februar 1950	Gründung des Ministeriums für Staatssicherheit (Stasi)
25. Juli 1950	Walter Ulbricht wird Generalsekretär der Sozialistischen Einheitspartei Deutschlands (SED)
13. August 1961	Sperrung der Grenzen zur Bundesrepublik; Bau der Berliner Mauer
3. Mai 1971	Erich Honecker wird Erster Sekretär des Zentralkomitees der DDR
9. November 1989	Öffnung der Berliner Mauer (**Mauerfall**)
3. Oktober 1990	**Wiedervereinigung** der Bundesrepublik Deutschland (BRD) und der Deutschen Demokratischen Republik (DDR)

die Gründung founding

der Mauerfall fall of the Berlin Wall
die Wiedervereinigung reunification

Wichtige Persönlichkeiten

Wladimir Lenin (1870–1924) war ein russischer Revolutionär und Politiker. Nach der Russischen Revolution (1917) war er **der Gründer** der Sowjetunion.

Sigmund Jähn (geboren 1937) war ein ostdeutscher Kosmonaut. 1978 flog er mit der russischen Mannschaft der Sojus 31 ins **All**. Natürlich waren die DDR-Bürger stolz, dass ein Mann aus ihrem Land der erste Deutsche im **Weltall** war. Jähn, wie wir im Film sehen, war Alex'

der Gründer founder

das All space
das Weltall universe, cosmos

Jugendidol und ersetzt seinen verschwundenen Vater. Alex träumt davon, der zweite Deutsche im All zu sein.

Erich Honecker (1912–1994) war von 1976 bis 1989 der Leiter der Sozialistischen Einheitspartei Deutschlands (SED) und deswegen der Leiter der ostdeutschen Regierung. Honecker führte eine neue Politik und eine neue Wirtschaft in die DDR ein. Sein erster Fünfjahresplan zielte auf die Verbesserung des Lebensstandards in der DDR. Ein wichtiger Teil dieses Programms war der Bau vieler neuen Wohnungen, die die Wohnungskrise lösen sollten.

Beziehung zu dem Film

Lenin lends his name to the title of the film, which suggests the end of an era: the disappearance of the socialist GDR and its replacement by the capitalist BRD. This is symbolised by the flying away of Lenin's statue by helicopter.

At the end of the film, Alex and Denis, in their news broadcast, alter the course of German history. Erich Honecker's successor as *Generalsekretär* is not Egon Krenz, but Sigmund Jähn, played by a taxi-driver lookalike.

The block of flats where the Kerner family lives is a typical example of the buildings erected during Honecker's first five-year plan. These *Plattenbauten*, as they were called, were quickly erected, but not particularly attractive. They were also quite small. Hence in the film the flat becomes known as '79 Quadratmeter DDR'.

Der gesellschaftliche Hintergrund

der gesellschaftliche Hintergrund the social background

Die Stasi war der Geheimdienst der DDR. Bis 1989 hatte sie 91.000 Beamte und 174.000 Mitarbeiter (und das in einem Land, wo die Bevölkerung nur 16 Millionen betrug). Ihre Hauptaufgabe lag darin, den Staat zu schützen, Leute mit antisozialistischen Meinungen auszusuchen und **Republikflucht** zu verhindern. Ihre Methoden waren meistens brutal: lange Verhöre von Verhafteten und unangemeldete Hausdurchsuchungen.

Republikflucht escape from the GDR

Die Berliner Mauer: Bis 1961 waren 3.5 Millionen Bürger aus der DDR entflohen. Die Regierung hatte sich entschieden, die Grenzen zu schließen, angeblich um das Land gegen Einflüsse aus dem Westen zu schützen. Die Mauer wurde also am 13. August 1961 errichtet und teilte die Stadt in Ost- und West-Berlin. Sie existierte bis zu ihrem Fall am 9. November 1989.

→

▲ Blick über Niemandsland von West- nach Ost-Berlin 1986

Die Jungen Pioniere war die sozialistische Jugend-Organisation der DDR
für Kinder von 6 bis 10 Jahren. Sie trugen ein blaues Halstuch. 95% der
DDR-Jugend waren Mitglieder.
Aktuelle Kamera war die Nachrichtensendung im DDR-Fernsehen.
Sie wurde täglich um 19.30 Uhr gesendet. Die **Sendung** war vom
Staat kontrolliert und stellte den Westen in einem negativen Licht dar.
Das Sandmännchen war eine tägliche Kindersendung. Um 18.50 Uhr
wünschte sie den Kindern Gute Nacht.
Ossi und *Wessi* waren zwei neuen Wörter, die man nach der **Wende**
benutzt hat, um die Herkunft der Deutschen zu beschreiben. Leute aus
den sogenannten „neuen Ländern" (der ehemaligen DDR) waren Ossis
und die aus der Bundesrepublik waren Wessis.
Verschiedene *DDR Produkte* werden in dem Film erwähnt: Spreewald-
Gurken, Mocca-Fix-Gold und Tempo-Bohnen. Als Christiane sich
diese Sachen wünscht, wird das ein Problem für Alex, weil sie in den
Supermärkten nach der Wende nicht mehr zu bekommen sind.
Der *Trabant*, kurz „Trabi" genannt, war ein beliebtes Auto in der DDR.
Mehr als drei Millionen wurden produziert. Die Karosserie war aus
Kunststoff und er hatte eine Maximalgeschwindigkeit von 110 km pro
Stunde.
Eine *Datsche* war ein Wochenendhaus auf dem Land. Viele Ostdeutsche
hatten eine.

die Sendung
programme, broadcast

die Wende 'turning
point' = 9 November
1989
der Ossi person
from the former East
Germany
der Wessi person
from the former West
Germany

Beziehung zu dem Film

We see only a small picture of the Stasi in this film, when they are interviewing Alex's mother after his father has fled to the West, but their incessant questioning is sufficient to cause Frau Kerner's breakdown and long silence.

After the departure of her husband, Christiane engages fully in the work of the Young Pioneers. Alex describes her involvement cynically: 'sie hat sich … mit unserem sozialistischen Vaterland verheiratet'. The singing by two former Young Pioneers at Christiane's birthday party is part of Alex's attempt to keep the GDR alive for his mother. To recreate the GDR, he and Denis also make three of their own versions of *Aktuelle Kamera*, with Alex supplying the ideas and the script and Denis the technical knowhow.

Alex sees the *Sandmännchen* in space at the beginning of the film, and when he visits his father's house at the end of the film he joins his half-brother and sister in watching an episode in which, ironically, the *Sandmännchen* is dressed as an astronaut.

The Kerner family and their neighbours are Ossis, while Denis, Rainer and the bank official represent the Wessis. The longing of Ossis for the good old days of the GDR also led to the coining of the word *Ostalgie*, nostalgia for the former East.

Basic foodstuffs were very cheap in the GDR and had a single price throughout the country. Luxury items by contrast were very expensive. Because most women worked, there were lots of quickly prepared foodstuffs such as Tempo-Bohnen. Clothing was practical rather than attractive. After the *Wende* these products disappeared very quickly and the GDR was flooded with consumer goods from the West.

TASK

Warum sind Spreewald-Gurken und der Trabant in dem Film wichtig?

The Trabi had a two-stroke engine and cost ten times the average monthly wage. After placing an order it was usual to wait some 10 or 12 years for delivery. After the *Wende* the Trabi became a cult vehicle and in the film Rainer, a convinced Wessi, buys one for himself.

When the film begins, we see the Kerner family at their dacha, and at the end they make a final excursion there. It is there that Christiane reveals the secret she has been hiding from her family.

Zur Geschichte der DDR

1 Vollenden Sie die Sätze mit der richtigen Form des Verbs in Klammern.

1 Nach dem Zweiten Weltkrieg wurde Deutschland in vier Besatzungszonen (teilen).
2 Winston Churchill hat die Teilung Deutschlands „den Eisernen Vorhang" (nennen).
3 Die DDR wurde am 7. Oktober 1949 (gründen).
4 Die Berliner Mauer wurde am 13. August 1961 (bauen).
5 Zu dieser Zeit wurde die Grenze zur Bundesrepublik (sperren).
6 Am 3. Mai 1971 ist Erich Honecker Generalsekretär der DDR (werden).
7 Die Berliner Mauer wurde am 9. November 1989 (öffnen).
8 Am 3. Oktober 1990 wurden die BRD und die DDR (vereinigen).
9 Im Juli 1990 hat die deutsche Mannschaft die Fußball-Weltmeisterschaft (gewinnen).

Die Ereignisse

2 Wann passierte das? Schreiben Sie das richtige Datum. Die Daten finden Sie in dem **Kasten**.

Kasten box

1 das Ende des Zweiten Weltkriegs
2 die Gründung der DDR
3 Bau der Berliner Mauer
4 Fall der Berliner Mauer
5 Honecker wird Generalsekretär der DDR
6 die Wiedervereinigung Deutschlands
7 die Gründung des Ministeriums für Staatssicherheit
8 Sigmund Jähn fliegt als erster Deutsche ins Weltall

1949	1945
1989	1971
1950	1990
1961	1978

Die Länder der Bundesrepublik

3 Die Bundesrepublik besteht aus 16 **Ländern**. Welche Länder gehörten vor der Wende zur Bundesrepublik und welche zur Deutschen Demokratischen Republik? Schreiben Sie BRD oder DDR.

das (Bundes)Land administrative region of Germany

1 Baden-Württemberg
2 Bayern
3 Berlin

4 Brandenburg
5 Bremen
6 Hamburg
7 Hessen
8 Mecklenburg-Vorpommern
9 Niedersachsen
10 Nordrhein-Westfalen
11 Rheinland-Pfalz
12 Saarland
13 Sachsen
14 Sachsen-Anhalt
15 Schleswig-Holstein
16 Thüringen

Die Geschichte

4 Vollenden Sie die Sätze. Schreiben Sie das richtige Wort.

1 Zur Zeit des Films feiert die DDR den 40. ....
2 Das Ministerium für .... sollte das Land gegen Dissidenten schützen.
3 Die DDR war früher die sowjetische ....
4 Der .... passierte am 9. November 1989.
5 Dieser Tag wird jetzt in der deutschen Geschichte die .... genannt.
6 Sigmund Jähn war der erste Deutsche im ....
7 Viele Leute, die nicht in der DDR wohnen wollten, haben .... begangen.
8 Die Mauer trennte die beiden .... Berlins.
9 Die ersten Szenen des Films passieren in dem .... Deutschland.
10 Man nannte die kritischen Beziehungen zwischen Ost und West den Kalten ....

Der Hintergrund

5 Beantworten Sie die Fragen.

1 Wie hieß die DDR-Fernsehsendung für Kinder?
2 Nach ihrer Entlassung aus dem Krankenhaus, was will Christiane essen?
3 Was für ein Auto kauft sich Rainer?
4 Wie lange musste man zu DDR-Zeiten auf einen bestellten Wagen warten?
5 Bei welcher Organisation wird Christiane Leiterin?
6 Wie hieß die Nachrichten-Sendung der DDR?
7 Wo hat die Familie Kerner oft das Wochenende verbracht?
8 Welchen Spitznamen hatte nach der Wende eine Person aus dem Osten?
9 Was war Christianes Lieblings-Kaffeesorte?
10 Was haben die Deutschen im Jahr 1990 gewonnen?

Die wichtigsten Ereignisse

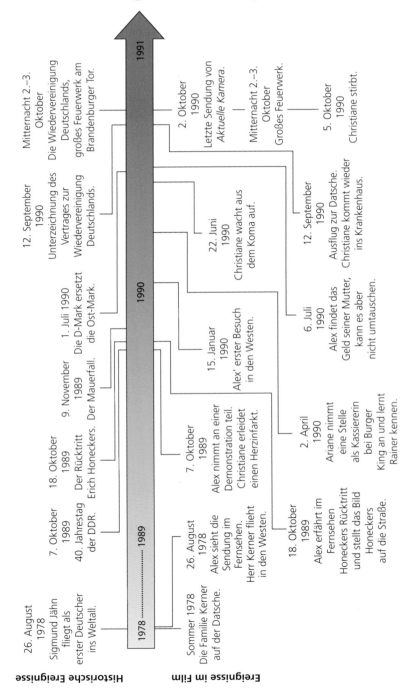

Historische Ereignisse

26. August 1978
Sigmund Jähn fliegt als erster Deutscher ins Weltall.

7. Oktober 1989
40. Jahrestag der DDR.

18. Oktober 1989
Der Rücktritt Erich Honeckers.

9. November 1989
Der Mauerfall.

1. Juli 1990
Die D-Mark ersetzt die Ost-Mark.

12. September 1990
Unterzeichnung des Vertrages zur Wiedervereinigung Deutschlands.

Mitternacht 2.–3. Oktober
Die Wiedervereinigung Deutschlands, großes Feuerwerk am Brandenburger Tor.

Ereignisse im Film

Sommer 1978
Die Familie Kerner auf der Datsche.

26. August 1978
Alex sieht die Sendung im Fernsehen.

18. Oktober 1989
Alex erfährt im Fernsehen Honeckers Rücktritt und stellt das Bild Honeckers auf die Straße.

7. Oktober 1989
Alex nimmt an einer Demonstration teil. Christiane erleidet einen Herzinfarkt. Herr Kerner flieht in den Westen.

2. April 1990
Ariane nimmt eine Stelle als Kassiererin bei Burger King an und lernt Rainer kennen.

15. Januar 1990
Alex' erster Besuch in den Westen.

6. Juli 1990
Alex findet das Geld seiner Mutter, kann es aber nicht umtauschen.

22. Juni 1990
Christiane wacht aus dem Koma auf.

12. September 1990
Ausflug zur Datsche. Christiane kommt wieder ins Krankenhaus.

2. Oktober 1990
Letzte Sendung von *Aktuelle Kamera*.

Mitternacht 2.–3. Oktober 1990
Großes Feuerwerk.

5. Oktober 1990
Christiane stirbt.

Vokabeln

die Berliner Mauer Berlin Wall

die Bundesrepublik (BRD) Federal Republic of Germany

die Deutsche Demokratische Republik (DDR) German Democratic Republic (GDR)

das Ereignis event

die Geschichte history

die Gesellschaft society

die Grenze border

die Gurke gherkin

der Jahrestag anniversary

die Jungen Pioniere Young Pioneers (GDR Youth Organisation)

die Kassiererin cashier

der Kommunist communist

der Kosmonaut cosmonaut, astronaut

das (Bundes)Land administrative region of Germany

die neuen (Bundes)Länder = Länder which formerly belonged to the GDR

der Mauerfall fall of (Berlin) Wall

das Ministerium für Staatssicherheit (Stasi) Ministry for State Security

die Nachrichtensendung news broadcast

der Ossi person from the former East Germany

der Plattenbau prefabricated building

das Produkt product

die Regierung government

die Republikflucht illegal escape from GDR

die Sozialistische Einheitspartei Deutschlands (SED) Socialist Unity Party of Germany

die Teilung division

die Wende (turning point) = 9 November 1989

der Wessi person from the former West Germany

die Wiedervereinigung reunification

die Wirtschaft economy

die Zone zone

Sommer 1978

00:00:00–00:04:25

Es ist Sommer 1978. Wir sehen Alex Kerner und seine Schwester Ariane in dem Garten von ihrer **Datsche**. Sie spielen und haben offensichtlich Spaß. Den Film hat man mit einer Super-8-Kamera gemacht. Später in demselben Sommer sehen sie zu Hause fern. Die Sendung zeigt den ostdeutschen **Kosmonauten** Sigmund Jähn, der mit den Russen als erster Deutscher ins Weltall fliegt. Alex sieht Jähn mit Bewunderung zu und als Jähn der Kamera zuwinkt, winkt Alex zurück. Inzwischen erhält Alex' Mutter Christiane Besuch von Stasibeamten. Sein Vater ist in den Westen geflohen und ist nicht zurückgekommen. Angeblich hat er dort eine neue Frau gefunden. Frau Kerner wird wütend und schreit die Stasi-Männer an. Danach hört sie auf zu sprechen und wird ins Krankenhaus eingeliefert. Alex und Ariane besuchen ihre Mutter im Krankenhaus. Alex bittet seine Mutter, nach Hause zu kommen, weil er es so langweilig bei Frau Schäfer findet, der Nachbarin, die auf die Kinder aufpasst. Alex umarmt seine Mutter und sagt, dass er sie lieb hat. Eine Krankenschwester führt die Kinder am Ende des Besuchs aus der Station.

die Datsche weekend cottage, summer house

der Kosmonaut cosmonaut (East German)

Activity

1 Sind die Sätze falsch, richtig, oder wissen wir es nicht? Schreiben Sie F, R, oder ?. Korrigieren Sie die falschen Sätze.
   1 Der Film beginnt im Jahr 1978.
   2 Alex und Ariane finden es langweilig auf der Datsche.
   3 Der Familienfilm ist von einem Profi gedreht worden.
   4 Alex schiebt seine Schwester in einem Schubkarren.
   5 Auf seinem T-Shirt hat Alex ein Bild von einem Filmstar.
   6 In der Titelsequenz sehen wir zwei Bilder von Lenin.
   7 Die Familie hat einen Farbfernseher.
   8 Die Weltraumfahrt ist ein wichtiges Ereignis in der Geschichte der DDR.
   9 Sigmund Jähn war Mitglied der DDR-Armee.
   10 Der Tag ist auch ein glücklicher Tag im Leben der Familie Kerner.
   11 Frau Kerner beantwortet alle Fragen der Stasi-Beamten.
   12 Das ist der zweite Besuch der Stasi bei der Familie Kerner.
   13 Alex liebt seine Mutter sehr.
   14 Ariane spielt im Hintergrund Blockflöte.
   15 Alex und Ariane werden am nächsten Tag wieder ihre Mutter besuchen.

Christiane kommt zurück
00:04:25–00:06:28

das Raumschiff
spacecraft

die Rakete rocket
das Bettzeug bedding

der Mädchenchor
girls' choir

Alex sitzt bei Frau Schäfer und sieht fern. Der Sandmann (eine Figur aus einer Kindersendung) ist im **Raumschiff**. Er hat sich gerade mit einer russischen Kosmonautin verheiratet. Nach 8 Wochen ist Christiane wieder gesund und darf nach Hause kommen. Die Kinder haben einen Überraschungsgruß vorbereitet. Alex trägt eine **Rakete** als Verkleidung. Die Mutter nimmt das **Bettzeug** von ihrem Mann von dem Bett und steckt seine Kleidung in einen Sack, den sie nach Afrika schicken will. Sie fängt dann an, sehr viel für den Sozialismus zu machen. Alex wird Mitglied bei den Jungen Pionieren, seine Mutter dirigiert einen **Mädchenchor**, sie organisiert Ausflüge für die Kinder und Verkleidungspartys. Sie schreibt auch Protestbriefe an die Behörden für Mitbürger(Innen).

▲ Der Überraschungsgruß

Activity

2 Vollenden Sie die folgenden Sätze. Die Wörter finden Sie in dem Kasten. Vorsicht: es gibt drei Wörter, die Sie nicht brauchen.
  1 Die Fernsehsendung kommt aus dem ....
  2 Christiane darf nach 8 .... wieder nach Hause kommen.

3 Die Kinder haben einen .... für ihre Mutter vorbereitet.
4 Alex trägt ein Raumschiff als ....
5 Die Familie spricht nicht mehr von dem ....
6 Christiane entfernt das .... ihres Mannes vom Bett.
7 Unter der Leitung von Christiane singen die Mädchen ....
8 Christiane hilft ihren ...., Briefe zu schreiben.

Bettzeug	Raumschiff
Gruß	Vater
Kostüm	Volkslieder
Kuchen	Wochen
Monaten	Wohnung
Nachbarinnen	

Activity

3 Was für eine Rolle spielen die folgenden Dinge in dieser Filmsequenz? Schreiben Sie zu jedem Ausdruck einen Satz oder zwei Sätze als Erklärung.
  1 ein Fernsehgerät
  2 der Innenraum von einem Raumschiff
  3 eine Rakete
  4 Krawatten
  5 eine Mädchengruppe beim Singen
  6 eine Kleineisenbahn
  7 eine Schreibmaschine

Christianes Orden, Alex' Rakete
00:06:28–00:07:45

Für ihren Beitrag zum Sozialismus erhält Christiane einen Orden, der bei einer offiziellen Zeremonie überreicht wird. Die Familie sitzt zu Hause und sieht den Fernsehbericht bei der Nachrichtensendung *Aktuelle Kamera*. Alex ist sehr **stolz**, als er seine Mutter im Fernsehen sieht. Alex träumt, dass er der zweite Deutsche sein wird, der in den **Weltraum** fliegt. Er wird **Mitglied** in einer Gruppe, die sich „Junge Raketenbauer" nennt. Bei einer Vorführung zündet er seine Rakete an, die hoch in den Himmel fliegt. Seine Mutter sieht stolz zu.

Diese Sequenz bietet Beispiele von der Technik, die beim Drehen eines Films benutzt wird. Lesen Sie zuerst die folgenden Definitionen. *Nah-Einstellung:* Der Kopf und die Schultern der Person werden gezeigt.

stolz proud

der Weltraum space
das Mitglied member

Groß-Einstellung: Eine Einstellung, in der nur ein Detail von der Person oder dem Objekt gezeigt wird.

Totale Einstellung: Eine Einstellung, wo man die Person oder Personen in ihrer Umgebung sehen kann.

Two-Shot: Zwei Personen in einer Einstellung.

Three-Shot: Drei Personen in einer Einstellung.

Insert: Information, die als Text im Bild gezeigt wird.

(Schneller) Schnitt: Der Wechsel im Film zwischen zwei Schauplätzen.

Vorsprung: Eine Person im Film denkt an ein zukünftiges Ereignis.

Sound im On: Laute und Geräusche, die einen Teil der gezeigten Szene bilden.

Voice-over: Man hört die Stimme einer Person im Soundtrack.

Tonbrücke: Wir hören vor dem Ende einer Szene eine Stimme oder Musik, die zu der nächsten Szene gehört.

GRADE *BOOSTER*

Note the shot of the sky. Similar shots occur later in the film and relate to the scientific theme. Being aware of the director's choices throughout the film will help you achieve high marks in your essay.

Activity

4 Welche Technik wird in den folgenden Szenen benutzt?

1 Die Stimme des Nachrichtensprechers vor dem Anfang der Szene im Wohnzimmer.
2 Die Fernsehsendung, die die Familie sieht.
3 Das Bild von dem Fernsehapparat.
4 Das Bild wechselt schnell zwischen dem Wohnzimmer und dem Bild auf dem Bildschirm.
5 Christiane, Alex und Ariane sitzen in einer Reihe beim Fernsehen.
6 Alex und seine Mutter, als sie ihren Orden erhält.
7 Alex träumt von seiner Zukunft als Kosmonaut.
8 Alex spricht von seinen zukünftigen Träumen, Kosmonaut zu werden.
9 Das Plakat am Busfenster: „AG Junge Raketenbauer".
10 Das Bild von Christiane, als sie bei der Raketenvorführung zuguckt.
11 Die Gruppe Junger Raketenbauer nach dem Abflug Alex' Rakete.

7. Oktober 1989 – in der Früh
00:07:45–00:11:01

der Jahrestag
anniversary

Es ist der 7. Oktober 1989. Alex ist jetzt 21 Jahre alt. Er hat eine Arbeitsstelle bei einer Fernsehreparaturfirma. Aber heute hat er frei, weil die DDR ihren 40. **Jahrestag** feiert. Es gibt eine Militärparade, und Honecker und Gorbatschow stehen auf der Tribüne und sehen zu. Bei der Familie Kerner hat sich viel geändert. Ariane ist jetzt alleinerziehende Mutter. Ihr Kind heißt Paula. Ariane holt Alex, der völlig angekleidet geschlafen hat, aus dem Bett. Sie sagt, ein Mädchen ist zu Besuch gekommen. Aber der „Besuch" ist Paula. Alex hat versprochen,

→

auf sie aufzupassen, weil ihr Vater heute arbeiten muss. Wir sehen den normalen Alltag bei der Familie Kerner: Christiane bügelt und diktiert Briefe, Alex frühstückt, Ariane putzt sich die Zähne, bevor sie ausgeht. Christiane hat eine Einladung zu einem Empfang im Palast der Republik, aber sie weiß nicht, ob sie hingeht. Frau Schäfer meint, sie könnte wieder im Fernsehen erscheinen. Alex sieht die Parade im Fernsehen an und drückt sich dem Regime gegenüber skeptisch aus. Seine Mutter ist böse und fragt, ob er in den Westen **abhauen** will. Sie meint, man kann das System nur ändern, wenn man bleibt.

abhauen to clear off

Activity

5 In dieser Sequenz wird Alex als zynischer junger Mann gezeigt. Welche dieser Aussagen stimmen? Schreiben Sie die Zahlen auf.
  1 Er trinkt Bier aus der Flasche.
  2 Er hat keinen Job.
  3 Er fühlt sich als Mann.
  4 Er nennt die Armee einen „überdimensionierten Schützenverein".
  5 Ariane meint, er habe in der Kleidung geschlafen.
  6 Er will nicht im Haushalt mithelfen.
  7 Er glaubt, auf ein Baby aufzupassen sei nichts für einen Jungen in seinem Alter.
  8 Ein Bild von Jähn hängt noch an der Wand, aber über dem Bett sind Poster von Popsängern.
  9 Er nennt die Politiker alte Säcke.
  10 Er hat eine Freundin.
  11 Er streitet mit seiner Mutter.
  12 Er will die DDR verlassen.

Activity

6 Viele Details tragen zu der Echtheit dieser Szene bei. Kombinieren Sie die Satzteile.
  1 Das Licht in Alex' Zimmer ist rot …
  2 Die Spielzeuge und Tassen vibrieren, …
  3 Während der ganzen Szene hören wir …
  4 Im Fernsehen sehen wir …
  5 Es gibt verschiedene Fahnen und Plakate, …

  a … die hohen Funktionäre der Partei.
  b … als die großen Fahrzeuge der Armee vorbeifahren.
  c … die von den Vorteilen der DDR sprechen.
  d … weil eine rote Fahne vor dem Fenster hängt.
  e … die Musik der vorbei-marschierenden Kapellen.

7. Oktober 1989 – die Demonstration
00:11:01–00.14:16

die Gewalt force, violence

sich verschlucken an (+ Akkusativ) to choke on

An demselben Abend gibt es eine Demonstration für Pressefreiheit und gegen **Gewalt**. Alex nimmt an der Demonstration teil. Während des Marsches **verschluckt** er sich an einem Apfel und ein junges, attraktives Mädchen hilft ihm. Christiane ist im Taxi unterwegs zum Empfang, aber wegen der Demonstration kommt sie nicht durch. Es kommen immer mehr Polizisten an, mit großen Lastkraftwagen. Sie wollen den Demonstranten den Weg versperren. Der Taxifahrer schlägt Christiane vor, dass sie besser mit der U-Bahn fahren soll. Sie steigt also aus dem Taxi aus und geht zu Fuß. Alex ruft dem Mädchen zu und will wissen, wie sie heißt, aber ihre Antwort hört er nicht, weil die Polizei die Demonstranten trennt. Die Polizei greift mit Gewalt ein und einige Demonstranten werden geprügelt. Christiane steht auf der Straße und sieht zu, wie Alex verhaftet wird. Er sieht sie auch. In diesem Moment **fällt** Christiane **in Ohnmacht**. Die Polizei hört nicht auf Alex' Proteste und schiebt ihn in einen Lkw mit anderen Verhafteten. Wir sehen, wie Christiane bewusstlos auf der Straße liegt. Alex wird mit anderen Verhafteten im Lkw weggefahren.

in Ohnmacht fallen to faint, collapse

Activity

7 Beantworten Sie die Fragen.
1 Wie nennt Alex im Voice-over die Demonstration?
2 Was verlangen die Demonstranten in ihren Ausrufen?
3 Was isst Alex, während er demonstriert?
4 Was passiert?
5 Was macht das Mädchen, um Alex zu helfen?
6 Wie sieht das Mädchen aus?
7 Warum kommt das Taxi nicht durch?
8 Welchen Vorschlag macht der Taxifahrer?
9 Warum erfährt Alex den Namen des Mädchens nicht?
10 Warum protestiert Christiane?
11 Was passiert mit Christiane?
12 Wer kommt, um ihr zu helfen?
13 Warum ist Christiane in der Menge leicht zu erkennen?
14 Welche Farben tragen die anderen Leute in dieser Szene?
15 Was passiert mit Alex?
16 Wie beurteilen Sie die Reaktion der Polizei?

Christiane liegt im Koma
00:14:16–00:17:01

Im Gefängnis stehen die Verhafteten mit den Händen auf dem Kopf. Ein Aufseher sucht Alex und gibt ihm eine Nachricht über seine Mutter. Er wird entlassen. Er fährt zum Krankenhaus, wo er Ariane trifft, die ihm sagt, dass Christiane einen **Herzinfarkt** gehabt hat. Sie liegt im **Koma**. Der Arzt weiß nicht, ob sie wieder aufwachen wird. Alex besucht sie auf der Station. Er nimmt ihre Hand und sagt ihr, sie müsse aufwachen. Alex erzählt dann im Voice-over weiter, dass seine Mutter weitergeschlafen hat.

der Herzinfarkt heart attack
das Koma coma

Activity

8 Bringen Sie diese Sätze in die richtige Reihenfolge.
  1 Alex fährt mit der U-Bahn zum Krankenhaus.
  2 Alex geht zu seiner Mutter und spricht mit ihr.
  3 Der Arzt teilt Alex mit, seine Mutter liege im Koma.
  4 Alex bekommt eine Nachricht über seine Mutter.
  5 Alex geht auf den Balkon und denkt über die Situation nach.
  6 Im Krankenhaus trifft Alex seine Schwester.
  7 Alex darf das Gefängnis verlassen.
  8 Ariane sagt, ihre Mutter habe einen Herzinfarkt gehabt.
  9 Die Verhafteten stehen mit den Händen auf dem Kopf.

Activity

9 Welche dieser Wörter aus der Medizinsprache kommen in dieser Szene vor? Schreiben Sie die englische Übersetzung für die Wörter, die Sie gewählt haben.

der Arzt	die Operation
der Herzinfarkt	das Rezept
das Koma	die Spritze
das Krankenbett	die Tabletten
die Krankenschwester	die Wiederbelebungsmaßnahmen

Mauerfall

00:17:01–00:19:10

der Rücktritt
resignation

die Schlagzeile
headline

vereinigt united

der Sperrmüll bulky
refuse

Alex sitzt mit seinen Arbeitskollegen zusammen. Im Fernsehen wird der **Rücktritt** Erich Honeckers bekannt gemacht. Alex holt das Bild Honeckers von der Wand herunter und stellt es auf die Straße in den Regen. Wir sehen die **Schlagzeilen** in den internationalen Zeitungen: Die Mauer ist gefallen. Wir sehen Bilder von Politikern, die die deutsche Nationalhymne singen, und den Abriss der Berliner Mauer. Alex macht einen Ausflug in den Westen, wo er „kulturelle Entdeckungen" in einem neuen Land macht. Die ersten gesamtdeutschen Wahlen finden statt, und Helmut Kohl wird als Kanzler des **vereinigten** Deutschlands gewählt. Ariane gibt ihr Universitätsstudium auf und nimmt eine Stelle bei Burger King an. Sie findet einen neuen Freund – Rainer aus dem Westen. Ariane richtet die Familienwohnung neu ein, mit modernen Möbelstücken aus dem Westen. Die Schlafzimmermöbel kommen in den Keller. Andere Möbelstücke werden mit einem roten Pünktchen versehen: sie sollen als **Sperrmüll** auf die Straße gestellt werden. Rainer und Ariane machen zusammen einen orientalischen Tanz.

Activity

10 Die wichtigen politischen Ereignisse in dieser Szene werden im Voice-over von Alex kommentiert. Aber seine Beschreibungen sind meistens lustig. Wie beschreibt er die folgenden Dinge? Wählen Sie aus der zweiten Liste.

1 Der Rücktritt Erich Honeckers.

2 Das Singen der deutschen Nationalhymne.

3 Das Abreißen der Berliner Mauer.

4 Alex' Besuch nach West-Berlin.

5 Christiane kann nicht bei der Parlamentswahl abstimmen.

6 Arianes neue Stelle bei Burger King.

7 Rainer wird Untermieter in der Wohnung.

8 Die Familienwohnung bekommt neue Möbel.

9 Ariane und ihr Freund machen einen orientalischen Tanz.

a Ihre ersten Erfahrungen mit der Geldzirkulation.

b Der Beginn einer gigantischen Altstoffsammlung.

c Die zunehmende Verwestlichung unserer … Plattenbau-Wohnung.

d Der Abgang des werten Genossen.

e Meine ersten kulturellen Entdeckungen in einem neuen Land.

f Mutters tiefe Ohnmacht erlaubte ihr nicht, an den ersten freien Wahlen teilzunehmen.

g Rainers Begeisterung für die Sitten und Gebräuche des Morgenlandes.

h Der Einzug von Arianes neuem Lover.

i Ein klassisches Konzert vor dem Rathaus Schöneberg.

Alex und Lara
00:19:10–00:25:09

Alex besucht seine Mutter im Krankenhaus (und sieht sich dabei die Beine der Krankenschwester an). Beim Aufstehen zieht er versehentlich den Schlauch der Infusionsflasche heraus. Die Krankenschwester kommt. Das ist Lara, das Mädchen von der Demonstration. Sie ist Russin und macht ein Praktikum in Berlin. In dem Moment, als die **Wachablösung** auf Unter den Linden stattfindet, fährt ein Coca-Cola-Wagen vorbei. Alex timt die Besuche bei seiner Mutter, damit sie mit Laras Dienstzeiten zusammenpassen. Er erzählt seiner schlafenden Mutter von Lara. Alex' Firma wird zugemacht und er wird arbeitslos. Aber er bekommt eine neue Stelle bei einer Fernsehsatellitenfirma. Die Arbeitspaare werden aus Arbeitern aus dem Osten und Westen gebildet und er lernt seinen Partner, Denis Domaschke, kennen. Alex macht eine Kassettenaufnahme, die man seiner Mutter in seiner Abwesenheit vorspielen kann. Nach einer Weile besuchen Alex und Lara zusammen eine Disko in einem abgebrochenen Haus. Sie sprechen über Alex' Familie und warum es besser ist, seine Mutter wisse nichts von dem Ende der DDR. Alex und Lara freuen sich auf die Zukunft.

▲ Lara und Alex im Krankenhaus

die Wachablösung
changing of the guard

Activity

11 In diesem Abschnitt finden einige Änderungen statt. Kombinieren Sie die Satzteile. Ist die Änderung positiv oder negativ? Schreiben Sie + oder – (oder +/–, wenn das nicht sicher ist).

1 Während der Wachablösung …	a … Alex' Meinung über sie.
2 Ganz zufällig ist die Krankenschwester …	b … lernt Alex Denis kennen.
3 Als seine Firma zumacht, …	c … fahren die Coca-Cola-Wagen vorbei.
4 Bei der neuen Firma …	d … Alex' Mutter schläft weiter.
5 Auf der Kassette hört Lara …	e … sind ein gutes Zeichen für die Zukunft.
6 Alex und Lara gehen zusammen …	f … das Mädchen, das Alex bei der Demonstration gesehen hat.
7 Alex erzählt Lara, …	g … dass sein Vater in den Westen geflohen ist.
8 Alex meint, die Änderungen in Berlin …	h … in eine Diskothek.
9 Eine Änderung findet aber nicht statt: …	i … wird Alex arbeitslos.

Alex und Denis
00:25:09–00:27:43

die Satellitenschüssel
satellite dish

die (Fußball)Welt-
meisterschaft
football world
championships

der Nebenjob
second job, sideline

Mit seinem neuen Partner Denis fängt Alex an, **Satellitenschüsseln** zu verkaufen. Am Anfang haben sie nicht viel Erfolg – die Leute wollen nicht kaufen. Aber schließlich klappt es, und vor vielen Wohnungen in dem Wohnblock hängen Satellitenschüsseln. Alex kommt mit Denis gut aus, und bei ihm trinken sie auf ihre Zukunft. Das Thema Fußball (Die **Weltmeisterschaft** 1990) wird auch hier eingeführt. Alex und Denis trinken auf den Erfolg der deutschen Mannschaft. Denis hat einen **Nebenjob**. Er macht Videos von Familienfesten und hat ein Zimmer zu Hause als Schnittraum ausgerüstet. Er hofft, dass er eines Tages diese Arbeit als Hauptberuf wird machen können. Er zeigt Alex, wie er eine berühmte Szene aus dem Film 2001 nachgeahmt hat. Alex scheint nicht ganz zu verstehen, meint aber, dass die Stelle genial sei.

GRADE *BOOSTER*

Note that the director introduces Denis's interest in making films here. This is important for the plot later in the film, when Denis produces the recordings of *Aktuelle Kamera*.

Activity

12 Sind die Sätze falsch, richtig oder wissen wir es nicht. Schreiben Sie F, R oder ?. Korrigieren Sie die falschen Sätze.
  1 Die Beschleunigung des Films am Anfang der Sequenz zeigt, wie lebendig das Leben geworden ist.
  2 Denis und Alex liefern Lebensmittel zu den Leuten.
  3 Sie haben bei ihren Verkaufsversuchen sofort Erfolg.
  4 Der Chef ist mit ihrer Arbeit zufrieden.
  5 Als Zeichen ihrer Freundschaft nennt Denis Alex „Genosse".
  6 Die Fußballmannschaft ist die von dem jetzt vereinten Deutschland.
  7 Denis hat einen Nebenjob als Verkäufer in einem Laden.
  8 Denis träumt davon, später einen Spielfilm zu drehen.
  9 Der Film, den Denis Alex zeigt, ist von einem Geburtstag.
  10 Denis hat viel Geld mit seinen Videofilmen verdient.
  11 Denis ist sehr stolz auf seine Nachahmung von der Szene aus 2001.

Christiane wacht auf
00:27:43–00:36:55

die Grenze border

Anfang Juni 1990 waren die **Grenzen** zur Bundesrepublik völlig offen. Lara ist dabei, die Infusionsflasche zu wechseln, als Alex sie küsst. Sie werden aber von dem Lärm von einer zerbrechenden Blumenvase erschreckt. Die Mutter ist gerade in diesem Moment aus ihrem Koma wach geworden. Der Arzt warnt Alex und Ariane, dass das Gehirn ihrer Mutter beschädigt sein und dass sie an Gedächtnisverlust leiden könnte. Alex will sie mit nach Hause nehmen, aber der Arzt meint, es sei besser, sie bleibe im Krankenhaus. Irgendeine unerwartete **Aufregung** könnte einen zweiten Herzinfarkt verursachen. Alex deutet auf eine Zeitung, die von dem Mauerfall berichtet, und sagt, seine Mutter wisse nichts davon. Christiane fragt, was in den 8 Monaten ihres Komas passiert ist. Alex fängt mit seiner **Notlüge** an, dass die Mutter wegen der Hitze im Supermarkt umgekippt sei. Alex verspricht seiner Mutter, dass sie ihren Geburtstag zu Hause feiern wird. Er weiß, dass sie im Krankenhaus schnell von der **Wende** erfahren wird. Alex will das Zimmer seiner Mutter in seinen ursprünglichen Zustand bringen. Aber Rainer wohnt jetzt in dem Zimmer als Untermieter. Ein Familienstreit findet statt. Alex und Denis holen die alten Möbel wieder in das Zimmer. Ariane muss Kleidung aus der DDR-Zeit tragen. Der Arzt zeigt Alex, was er in dem Fall, dass seine Mutter einen Herzanfall bekommt, machen muss. Christiane wird in einem Krankenwagen nach Hause gebracht.

die Aufregung excitement

die Notlüge white lie

die Wende German term for reunification

Activity

13 Diese Sequenz zeigt viele Änderungen und Folgen, die seit der Wende stattgefunden haben. Füllen Sie die Lücken aus. Wählen Sie aus den Wörtern in dem Kasten.

Die **1**.......... *sind weg und die beiden Teile Deutschlands sind bereit, einen* **2**.......... *zur Wiedervereinigung zu unterschreiben.*

Es gibt eine neue **3**.......... *im Schlafzimmer. Ariane hat ihr* **4**.......... *aufgegeben. Alex bringt ein altes Kleid aus einer* **5**.......... *. Ariane findet die damalige* **6**.......... *scheußlich.*

Der erste Arzt, mit dem Alex gesprochen hat, ist in den Westen gegangen. Sein Name wird gerade von der Tür **7**.......... *. In Düsseldorf wird er eine bessere Stelle finden. Alex fragt, wann der neue Arzt* **8**..........*wird.*

Die Ostdeutschen dürfen ihre Ost-Mark in West-Mark **9**.......... *.*

Die Mutter aber meint, nichts habe sich **10**.......... *.*

abhauen	Mode
entfernt	Studium
Grenzen	umtauschen
Jalousie	verändert
Kleidersammlung	Vertrag

TASK

1 Trotz der Tatsache, dass es hier um ein ernstes Thema geht, gibt es auch lustige Stellen. Schauen Sie sich die Szene nochmals an und schreiben Sie eine Liste dieser Stellen.

Spreewald-Gurken und Geld
00:36:55–00:46:00

das **Regal** shelf

die **Mülltonne** rubbish bin

verstecken to hide

Christiane dankt Alex für seine Sorge. Als er einkaufen geht, wünscht sie sich Spreewald-Gurken. Aber die **Regale** im Supermarkt sind leer. Die D-Mark kommt nach Osten, aber die Kerners können Christianes Sparbuch nicht finden. Der Umtausch ist zwei zu eins – und beim Fußball gewinnt Deutschland eins zu null. Die Regale in den Supermärkten sind jetzt wieder voll, aber mit Produkten aus dem Westen. Alex sucht Mocca-Fix-Gold, Fillinchen-Knäcke und Spreewald-Gurken, aber die gibt es nicht mehr. In der **Mülltonne** sucht Alex alte Gläser. Er reinigt sie in kochendem Wasser und füllt sie mit den neuen Produkten. Christiane will fernsehen, aber die Kinder sagen ihr, dass wäre zu anstrengend. Sie versuchen, eine Vollmacht über Christianes Konto zu bekommen, aber sie dürfen ihr den wahren Grund nicht erzählen. Sie sagen, der Trabant, den sie erst vor 3 Jahren bestellten, sei schon fertig. Deswegen brauchen sie das Geld. Aber Christiane sagt ihnen, sie hat ihr Geld **versteckt**… aber wegen ihrer Krankheit kann sie sich nicht mehr an das Versteck erinnern. Christiane ist überrascht, als sie das West-Fernsehen bei dem Nachbarn, Herrn Ganske, hört. Alex erzählt, dass Herr Ganske sich im Urlaub in eine Frau aus München verliebt hat, und dass er also nicht mehr so linientreu ist wie früher.

Activity

14 Beantworten Sie die Fragen.
1 Woran hat Christiane gedacht, als ihr Mann Republikflucht begangen hat?
2 Warum ist sie Alex dankbar?
3 Was soll Alex für seine Mutter aus dem Supermarkt mitbringen?
4 Was suchen Alex und Ariane?
5 Warum?
6 Wie reagieren die Leute auf die Ankunft der D-Mark?
7 Wie sehen die Regale in dem Supermarkt jetzt aus?
8 Was sucht Alex in der Mülltonne?
9 Was soll seine Mutter glauben?
10 Warum bekommen die Kinder das Geld ihrer Mutter nicht?

Vorbereitungen für Christianes Geburtstag

00:46:00–00:53:13

Alex und Lara finden eine leere, alte Wohnung und ziehen zusammen hinein. Die Wohnung ist staubig, aber schön. Lara ist entzückt, dass das Telefon noch funktioniert. Alex freut sich, dass er im Küchenschrank alte DDR-Produkte findet. Alex bringt seiner Mutter das Frühstück, bevor er zur Arbeit fährt. Alex bespricht mit Denis das Problem, dass seine Mutter fernsehen will. Denis schlägt vor, er soll ihr alte **Nachrichtensendungen** auf Video zeigen. Die deutsche Fußballmannschaft kommt ins Endspiel. Auf dem **Flohmarkt** kauft Alex alte Sachen und Zeitungen aus der DDR. Alex trifft sich mit den Nachbarn und lädt sie zum Geburtstag seiner Mutter ein. Er warnt sie, dass sie von der Wende nichts wissen darf. Zwei Jungen werden eingeladen, die ein DDR-Lied singen sollen. Alex verspricht ihnen 20 Mark. Er lädt auch Dr. Klapprath ein, den ehemaligen Schulleiter, und Kollegen seiner Mutter. Alex meint, Dr. Klapprath ist seiner Mutter etwas schuldig, weil ihr Idealismus in der Schule sie die Stelle als Lehrerin gekostet hat. Alex bringt Rainer bei, was für eine Arbeit er in der DDR macht und was für eine Ausbildung er gehabt hat.

die **Nachrichtensendung** news broadcast
der **Flohmarkt** flea market

Activity

15 Welche Satzteile passen zusammen?

1 Die Wohnung ist leer, …
2 Alex und Lara finden die Wohnung …
3 In dem Küchenschrank findet Alex …
4 Denis schlägt vor, Alex soll seiner Mutter …
5 Die deutsche Fußballmannschaft …
6 Auf dem Flohmarkt kauft Alex …
7 Alex verspricht den Schülern Geld, …
8 Christiane darf …
9 Dr. Klapprath meint, …
10 Rainer muss so tun, …

a Christiane war eine hervorragende Lehrerin.
b eine Packung Mocca-Fix-Gold.
c alte Nachrichtensendungen zeigen.
d nichts von der Wende erfahren.
e alte DDR-Zeitungen.
f traumhaft.
g wenn sie zum Geburtstag seiner Mutter kommen.
h weil der Besitzer in den Westen gegangen ist.
i als ob er im Osten groß geworden sei.
j hat im Halbfinale gewonnen.

Aktuelle Kamera
00:53:13–01:07:49

ausnüchtern to sober someone up

Denis überreicht Alex 50 Videokassetten von Fernsehsendungen, die er im Archiv gefunden hat. Alex spielt seiner Mutter eine Sendung von *Aktuelle Kamera* vor. Als Alex Dr. Klapprath zur Geburtstagsparty abholt, ist er betrunken. Alex muss ihn **ausnüchtern**. Bei der Party singen die zwei Jungen das Lied „Unsere Heimat". Dr. Klapprath hält eine Rede und überreicht im Namen der Partei ein Geschenk. Christiane stellt Lara vor, aber erzählt die Unwahrheit, dass ihr Vater Lehrer sei. Rainer wird vorgestellt, spielt aber seine Rolle sehr schlecht. Während Alex seiner Mutter zum Geburtstag gratuliert, wird an dem gegenüberliegenden Gebäude ein Banner für Coca-Cola heruntergerollt. Lara verlässt **wütend** die Party. Was Alex mit seiner Mutter macht gefällt ihr nicht. Inzwischen singen die Gäste mit Christiane Lieder.

wütend angry

Alex und Denis drehen vor dem Coca-Cola-Gebäude eine Sendung von *Aktuelle Kamera*. Die Sendung gibt bekannt, dass Coca-Cola ursprünglich eine **Erfindung** der DDR war. Plötzlich erinnert sich Christiane daran, wo sie ihr Geld versteckt hat. Leider ist das Möbelstück auf der Straße bei dem Sperrmüll. Alex läuft dahin und findet das Geld in einer Schublade. Aber es ist zu spät: die **Umtauschfrist** ist vor 2 Tagen abgelaufen. Der Bankbeamte (aus dem Westen) will das Geld nicht **umtauschen**. Alex wird wütend und wird aus der Bank herausgeworfen. Vom Dach des Wohnblocks wirft Alex das wertlose Geld in die Luft. Gleichzeitig wird der Sieg der deutschen Fußballmannschaft im Endspiel mit einem Feuerwerk gefeiert.

die Erfindung invention

die Umtauschfrist period for exchanging money

umtauschen to change (money)

▲ Denis in einer „Sendung" für *Aktuelle Kamera*

Activity

16 Wer sagt in dieser Sequenz Folgendes und wann?
1 Dreißigmal *Aktuelle Kamera* …. Alles bereits überspielt.
2 Unsere Heimat, das sind nicht nur die Städte und Dörfer.
3 Das habt ihr noch bei mir gelernt, oder?
4 Ich möchte dir im Namen der Parteileitung alles Gute wünschen.
5 Es ist mir zu gruselig, was du da machst.
6 Es wurde mir klar, dass die Wahrheit nur eine zweifelhafte Angelegenheit war.
7 Sie stören freie Arbeit des Fernsehens der DDR.
8 Coca-Cola ist ein sozialistisches Getränk?
9 Die Umtauschfrist ist seit 2 Tagen abgelaufen.
10 Kaum hatte ich ein Leck geschlossen, brach ein neues aus.
11 Im Sommer 1990 überzeugte die deutsche Nationalmannschaft mit Planüberfüllung.

Das Leben wird stressig
01:07:49–01:14:57

Christiane geht es immer besser. Sie fängt wieder an, **Beschwerde-briefe** zu diktieren. Zwei (andere) Jungen kommen, um ihr vorzusingen. Die ersten Jungen haben gesagt, sie würden dafür 20 Mark bekommen. In der Küche streitet Alex mit Rainer und dann auch mit Ariane. In ihrer Aufregung lässt Ariane eine Flasche fallen, die kaputtgeht.

Wegen dem Stress hat Ariane **Nasenbluten**. Als Alex sie im Badezimmer behandelt, erzählt sie ihm, dass sie ihren Vater gesehen hat. Sie hat seine Stimme erkannt, als er bei Burger King ein Essen bestellt hat. Alex stellt sich seinen Vater vor, als einen fetten Kerl, der einen Cheeseburger isst. Ihre zwei Welten liegen weit auseinander. Lara hat gleich eine Prüfung. Um sich darauf vorzubereiten, **gipst** sie Alex im Badezimmer zu Hause **ein**. Lara besteht darauf, dass Alex seiner Mutter die Wahrheit sagt.

der Beschwerdebrief letter of complaint

das Nasenbluten nose bleed

eingipsen to put in plaster

Activity

17 Diese Szene besteht aus vielen kleinen Ereignissen. Sie sollen zeigen, wie das Leben schneller, komplizierter und stressiger wird.
Bringen Sie die Sätze in die richtige Reihenfolge.
1 Alex streitet mit Rainer, dass er die Jungen hereingelassen hat.
2 Lara verlangt, dass Alex seiner Mutter die Wahrheit erzählt.
3 Ariane kommt nach Hause und meckert über die vielen Besucher.
4 Ariane erzählt, dass sie ihren Vater gesehen hat.
5 Rainer sagt, dass er einen Trabi gekauft hat.
6 Ariane lässt eine Flasche fallen.
7 Lara und Alex streiten sich.
8 Herr Mehlert kommt mit seinem Toaster.
9 Alex wirft die Jungen aus der Wohnung heraus.
10 Alex' Vater kauft bei Burger King ein.

TASK

2 Die vielen Leute sind auch ein Zeichen, wie Alex' Leben kompliziert geworden ist. Schreiben Sie aus dem Gedächtnis eine Liste der Personen, die Sie in diesem Abschnitt gesehen haben.

Christiane macht einen Spaziergang
01:14:57–01:20:42

Alex ist von dem ganzen Stress total erschöpft und schläft neben dem Bett seiner Mutter ein. Paula, Arianes Kind, macht die ersten Schritte. Christiane steht auf und will auch ein bisschen gehen. Ein Zeppelin mit **Werbung** für die Zigarettenfirma Best West fliegt vorbei, aber Christiane bemerkt ihn nicht. Christiane zieht einen Mantel an und verlässt die Wohnung. Neue Einwohner aus Wuppertal (im Westen)

die Werbung advert, advertising

das Denkmal statue
der Hubschrauber helicopter

ziehen gerade ein. Zeichen des Westens (Autos, Werbung) sind überall. Alex wacht auf und bemerkt erschrocken das leere Bett seiner Mutter. Er läuft schnell auf die Straße. Christiane sieht zu, als ein **Denkmal** von Lenin unterhalb eines **Hubschraubers** vorbeigeflogen wird. Es sieht so aus, als ob Lenin seine Hand in einem Abschiedsgruß ausstreckt. Alex sieht seine Mutter und läuft zu ihr. Im gleichen Augenblick kommt Ariane. Die beiden führen Christiane, die wissen will, was los ist, in die Wohnung zurück.

TASK

3 Dieser Abschnitt enthält viele Zeichen der Verwestlichung der DDR. Schreiben Sie eine Liste davon.

Activity

18 Übersetzen Sie diese Sätze ins Deutsche.
1. Alex is so exhausted that he falls asleep by his mother's bed.
2. Christiane is talking to Paula and does not notice the airship flying past.
3. Christiane gets up and goes for a little walk.
4. The family that is moving in comes from Wuppertal in the West.
5. Christiane is confused by the advertising she sees on the street.
6. When Alex notices his mother is missing, he immediately runs down the stairs and into the street.
7. Ariane is just coming back from shopping.
8. She drops her bags and runs to her mother.
9. Alex und Ariane take their mother back into the flat.
10. Christiane wants to know what has happened.

Die „neuen DDR-Bürger"
01:20:42–01:25:09

der Ausflug excursion, trip

gesamtdeutsch relating to the whole of (reunited) Germany

Alex und Denis drehen ihre eigene Sendung von *Aktuelle Kamera*. Gerade als die Aufnahme beginnt, rutscht das Bild von Berlin von der Wand herunter. Als er aufsteht, sehen wir, dass Denis keine Hose trägt. Christiane sieht die Sendung mit Alex und Ariane an. Als sie von den „neuen DDR-Bürgern" hört, will sie helfen. Die Kerners schauen aus dem Fenster auf den Verkehr aus dem Westen. Christiane schlägt vor, sie könnten die Datsche als Unterkunft anbieten. Sie will einen **Ausflug** zur Datsche machen. In der Küche sagt Ariane, dass sie bei dem Spiel nicht mehr mitmachen will. Rainer erzählt, dass er und Ariane in eine größere Wohnung umziehen wollen. Alex ist wütend, weil er nicht alleine auf seine Mutter aufpassen kann. Ariane sieht die Ultraschallaufnahmen von ihrem ungeborenen Kind. Das Kind wird ein „**gesamtdeutsches** Baby" sein. Die Familie macht einen Ausflug zur Datsche.

Activity

19 Beantworten Sie die Fragen auf Deutsch.
   1 Was passiert am Anfang der Fernsehaufnahme?
   2 Wie hat Denis sich verkleidet?
   3 Warum trägt Denis keine Hose?
   4 Laut den Nachrichten, welche humanitäre Geste hat Honecker gemacht?
   5 Was zeigen die Fernsehbilder in Wirklichkeit?
   6 Was wollen die „neuen Bürger" machen?
   7 Wo wohnen die „neuen Bürger"?
   8 Was denkt Alex von der DDR, die er im Fernsehen zeigt?
   9 Warum brauchen Ariane und Rainer eine größere Wohnung?
   10 Warum ist das Kind ein „gesamtdeutsches Baby"?

Christiane sagt die Wahrheit
01:25:09–01:31:02

Die Familie fährt in Rainers neuem Trabi auf das Land. Christiane muss eine Binde um die Augen tragen. Sie kommen bei der Datsche an, wo Christiane die Binde abnehmen darf. Sie bewundert das neue Auto. Sie sitzen im Garten der Datsche und erinnern sich an die alten Zeiten. Christiane will wissen, was in den 8 Monaten ihres Komas passiert ist. Lara ist deutlich dafür, dass man Christiane die Wahrheit erzählt. Alex will gerade anfangen, als Christiane selbst sagt, dass sie **gelogen** hat. Der Vater ist nicht wegen einer anderen Frau im Westen geblieben, und er hat Briefe geschrieben. Sie liegen alle hinter dem Küchenschrank. Der Vater hat **Republikflucht** begangen und Christiane hätte mit der Familie nachfolgen sollen. Aber sie hatte zu große Angst und fürchtete, dass man ihr die Kinder wegnehmen würde. Sie bittet um Verzeihung für ihre Lüge. Sie äußert den Wunsch, ihren Mann noch einmal zu sehen. Alex geht **zornig** weg. Lara tröstet ihn. Im Voice-over erzählt Alex, dass es Christiane an dem Abend plötzlich schlechter ginge.

lügen to lie

die Republikflucht escape from the GDR

zornig angry

Activity

20 Verbinden Sie die Satzteile.
   1 Christiane muss eine Binde tragen, …
   2 Die Familie sagt Christiane, sie trage die Binde, …
   3 Auf der Datsche darf Christiane die Binde abnehmen, …
   4 Christiane will wissen, …
   5 Lara ist dafür, …
   6 Christiane erzählt …
   7 Die Briefe des Vaters sind alle …
   8 Das Leben des Vaters war schrecklich, …

9 Christiane ist nicht in den Westen gegangen, …
10 Christianes Geschichte …
11 Christiane möchte …
12 An demselben Abend …

  a … weil er kein Parteimitglied war.
  b … ihren Mann nochmal sehen.
  c … wird mit Schweigen begrüßt.
  d … was während ihres Komas passiert ist.
  e … damit sie das neue Auto nicht sehen kann.
  f … erleidet Christiane einen zweiten Herzinfarkt.
  g … hinter dem Küchenschrank versteckt.
  h … dass man Christiane die Wahrheit sagt.
  i … weil sie zu große Angst hatte.
  j … weil es keine Zeichen von den Veränderungen gibt.
  k … damit sie das veränderte Land nicht sehen kann.
  l … die wahre Geschichte des Vaters.

Der zweite Herzinfarkt

01:31:02–01:35:54

Der Krankenwagen bringt Christiane ins Krankenhaus. Gleichzeitig sucht Ariane in der Küche wie verrückt nach den Briefen. Als sie sie findet, weint sie. Der Arzt meldet Alex, dass er mit dem Schlimmsten rechnen muss. Ariane bringt Alex einen Brief mit der Adresse des Vaters. Sie sagt, sie könne nicht zu ihm. Alex bleibt die ganze Nacht am Bett seiner Mutter. Sie wacht auf und sagt Alex, die Familie dürfe jetzt „jemanden aus dem Westen" in der Wohnung unterbringen. Lara sagt Alex, dass er schlafen muss. Am nächsten Abend verlässt Alex das Krankenhaus. Er nimmt ein Taxi zum Wannsee. Der Taxifahrer **sieht** wie Siegmund Jähn **aus**. In Wannsee steigt Alex vor dem Haus seines Vaters aus.

aussehen to look like

Activity

21 In diesem Abschnitt gibt es wenig Text, aber die Handlung wird durch viele Geräusche begleitet. Bringen Sie diese Geräusche in die richtige Reihenfolge.
1 Ariane weint.
2 Das Piepsen des Geräts im Krankenzimmer.
3 Der Taxifahrer zündet eine Zigarette an.
4 Das Aufmachen der Tür, als der Arzt eintritt.
5 Der Lärm in der Küche, als Ariane die Schubladen herausreißt.
6 Alex weint.
7 Die Sirene des Krankenwagens.
8 Das Brechen des Holzes, als Ariane hinter dem Küchenschrank sucht.

TASK

4 Was zeigt uns in dieser Sequenz Alex' Liebe zu seiner Mutter? Schreiben Sie vier oder fünf Sätze.

Alex spricht mit seinem Vater
01:35:54–01:44:03

Als Alex bei seinem Vater ankommt, findet eine Party statt. Alex geht in ein Nebenzimmer, wo zwei kleine Kinder fernsehen. Die Sendung ist *Das Sandmännchen*. Alex fragt, ob er mitsehen darf. Das Mädchen will seinen Namen wissen. Der Vater der Kinder (Alex' Vater) kommt herein. Der Vater fragt, ob er und Alex sich kennen. Der Vater fragt nach seinem Namen, und der kleine Junge nennt Alex' Namen. Der Vater sieht verwirrt aus. Er muss weg, um eine Geburtstagsrede zu halten. Als er zurückkommt, sprechen sie miteinander. Der Vater gibt zu, dass er Alex nicht **erkannt** hat. Er hat 3 Jahre lang auf eine Nachricht von Alex und der Familie gewartet. Als sein Vater fragt, warum er gekommen sei, erzählt Alex, dass seine Mutter im Sterben liegt. Er bittet seinen Vater, Christiane im Krankenhaus zu besuchen.

Kurz bevor Alex und sein Vater im Krankenhaus ankommen, erzählt Lara Christiane, dass die Mauer gefallen ist und die Grenze nicht mehr existiert. Aber draußen erklärt Alex seinem Vater, dass er so tun muss, als ob die DDR noch existiert. Während Robert draußen wartet, kommt Ariane, aber als sie ihn sieht, kann sie nicht mit ihm sprechen, dreht sich um und geht weg. Während Robert Christiane besucht, sitzen Alex und Lara draußen auf einer Parkbank. Robert verbringt mehr als eine Stunde bei seiner ehemaligen Frau. Alex entschließt sich, dem „DDR-Spiel" ein Ende zu machen.

erkennen (erkannt) recognise(d)

Activity

22 Sind die Sätze falsch oder richtig? Oder wissen wir es nicht? Schreiben Sie F, R, oder ?.
Korrigieren Sie die falschen Sätze.
 1 Die Gäste auf der Party fragen Alex, warum er gekommen ist.
 2 Der Vater wohnt in einem vornehmen Haus und ist offensichtlich reich.
 3 Alex sagt den Kindern, dass er „aus einem anderen Land" komme.
 4 Der Vater muss Alex verlassen, um neue Gäste zu begrüßen.
 5 Robert hat seinen Sohn sofort erkannt.
 6 Nach seiner Republikflucht wollte Robert gar nichts von seiner Familie hören.
 7 Alex bittet seinen Vater, Christiane im Krankenhaus zu besuchen.
 8 Die Taxifahrt hat eine Menge Geld gekostet.
 9 Als Robert ins Krankenzimmer geht, weiß Christiane schon, dass die DDR nicht mehr existiert.
 10 Roberts Besuch bei Christiane ist nur kurz.

Zum Abschied
01:44:03–01:52:04

die Wiedervereinigung reunification

der Nachfolger successor

die Asche ashes

Alex findet den Taxifahrer wieder und spricht mit ihm. Er besucht wieder den Flohmarkt und kauft eine Uniform. Alex und Denis drehen noch eine Sendung von *Aktuelle Kamera* mit dem Taxifahrer als Sigmund Jähn. Sie wollen den „Jahrestag der DDR" am 2. Oktober (eigentlich der Vorabend von der **Wiedervereinigung**) feiern. Denis bringt die fertige Kassette zum Krankenhaus. In der Sendung meldet der Nachrichtensprecher (Denis) den Rücktritt Honeckers. Er meldet Sigmund Jähn als seinen **Nachfolger**. Christianes Gesichtsausdruck verrät, dass sie weiß, dass Alex sie betrügt. In seiner Rede meldet „Sigmund Jähn", dass er die Grenzen öffnen will, damit alle die Vorteile des Sozialismus genießen können. Christiane ist von der Sendung sehr beeindruckt. In der Nacht gibt es ein großes Feuerwerk. Christiane stirbt 3 Tage später. Alex meint, sie sei glücklich gestorben. Alex steckt ihre **Asche** in eine Rakete und feuert sie in den Himmel. Alex meint, es ist ihm gelungen, bis zum Tod seiner Mutter, die DDR überleben zu lassen. Dieses Land hat es nie gegeben, aber für Alex wird es immer mit seiner Mutter verbunden sein. Der Film endet mit einer Aufnahme von Christiane bei ihrer sozialistischen Arbeit.

Activity

23 Füllen Sie die Lücken aus. Benutzen Sie die Wörter aus dem Kasten.

Alex überredet den 1.......... die Rolle von Sigmund Jähn zu spielen. Alex feiert den 2.......... der DDR etwas früher als normalerweise. Der Nachrichtensprecher meldet, dass Erich Honecker 3.......... sei. Honecker teilt mit, dass Sigmund Jähn sein 4.......... sei. Ariane kann ihre Belustigung nicht 5.......... . Christiane 6.......... , weil sie weiß, dass der Film eine Verfälschung ist. Jähn meldet, dass die 7.......... der DDR jetzt offen sind. Die Sendung zeigt Bilder von der 8.......... der Berliner Mauer. Christiane 9.......... 3 Tage später. Alex stellt ihre 10.......... in eine Rakete und feuert sie in den Himmel. Er meint, es war gut, dass sie die 11.......... nicht erfahren hat. Das Land, an das Christiane geglaubt hat, hat nie 12.......... .

Asche	Öffnung
existiert	stirbt
Grenzen	Taxifahrer
Jahrestag	verbergen
lächelt	Wahrheit
Nachfolger	zurückgetreten

1 Wann und wo beginnt der Film?

2 Wer war Alex' Idol als er ein kleiner Junge war?

3 Mit wem spricht Alex' Mutter, während er fernsieht?

4 Wie reagiert Frau Kerner auf die stressige Situation?

5 Wer passt auf die Kinder auf, während Christiane im Krankenhaus ist?

6 Wie lange bleibt die Mutter im Krankenhaus?

7 Was für ein Kostüm trägt Alex, als seine Mutter nach Hause kommt?

8 Was macht Christiane mit den Sachen ihres Mannes?

9 Was wird Christiane dann?

10 Wie hilft sie anderen Leuten?

11 Was bekommt sie für ihre Arbeit?

12 Wovon träumt Alex?

13 Wie kann man Alex beschreiben, wenn wir ihn 10 Jahre später sehen?

14 Welchen Jahrestag feiert die DDR?

15 Was für Arbeit macht Alex?

16 Auf wen muss Alex aufpassen?

17 Was macht Alex am Abend vom 7. Oktober?

18 Warum muss Christiane aus dem Taxi aussteigen?

19 Was passiert mit Christiane, als sie zusieht?

20 Welche Nachricht erhält Alex im Gefängnis?

21 Was passiert mit Erich Honecker?

22 Welches wichtige Ereignis wird in den Medien gemeldet?

23 Was macht Ariane nach dem Mauerfall?

24 Wer ist die Krankenschwester auf der Intensivstation und woher kommt sie?

25 Wann besucht Alex seine Mutter?

26 Wo lernt Alex Denis kennen?

27 Was macht Denis als Nebenjob?

28 Was passiert, während Alex und Lara sich küssen?

29 Was will Alex mit seiner Mutter machen?

30 Was fürchtet Alex, wenn seine Mutter im Krankenhaus bleibt?

31 Wie lange war Christiane im Koma?

32 Was ist die erste Lüge, die Alex seiner Mutter erzählt?

33 Was will Alex mit dem Zimmer seiner Mutter machen?

34 Wer hilft Alex bei der Möblierung des Zimmers?

35 Was für Kleidung muss Ariane tragen?

36 Was soll Alex für seine Mutter mitbringen, als er einkaufen geht?

37 Warum ist das ein Problem?

38 Was suchen Alex und Ariane und warum?

39 Wo sucht Alex nach alten Einmachgläsern?

40 Was macht Alex mit den alten Gläsern?

41 Was will Christiane machen und warum ist das ein Problem?

42 Was hat Christiane mit ihrem Geld gemacht und was ist das Problem?

43 Was finden Alex und Lara und warum können sie dort einziehen?

44 Was müssen die Geburtstagsgäste wissen?

45 Was muss Rainer vor der Geburtstagsfeier lernen?

46 Was macht Denis, um Alex zu helfen?

47 Was passiert, während Alex seine Mutter zum Geburtstag grüßt?

48 Was erzählt Denis in der Sendung?

49 Wo findet Alex das Geld seiner Mutter?

50 Warum kann der Bankbeamte das Geld nicht umtauschen?

51 Wen hat Ariane bei Burger King gesehen?

52 Was verlangt Lara von Alex?

53 Was macht Christiane, während Alex schläft?

54 Was passiert auf der Straße?

55 Was fliegt draußen vorbei?

56 Wie erklären Denis und Alex die Änderungen?

57 Wie will Christiane helfen?

58 Wo fährt die Familie zusammen hin?

59 Welche Wahrheiten erzählt Christiane, als sie im Garten der Datsche sitzen?

60 Wo sind die Briefe?

61 Welchen Wunsch äußert Christiane?

62 Was passiert an dem Abend?

63 Warum fährt Alex nach Wannsee?

64 Mit wem hat der Taxifahrer eine Ähnlichkeit?

65 Was hat Lara Christiane erzählt?

66 Was meldet man in der letzten Sendung von *Aktuelle Kamera*?

67 Wann ist Christiane gestorben?

68 Was hat man mit ihrer Asche gemacht?

Zusammenfassung des Films

Der Vater der Familie Kerner flieht in den Westen. Die Mutter spricht nicht. Der Kosmonaut Sigmund Jähn ist Alex' Idol. Mutter kommt zurück und engagiert sich für das Leben der DDR.

↓

Alex nimmt an einer Demonstration teil. Seine Mutter sieht zu, wie er verhaftet wird, und erleidet einen Herzinfarkt. Während sie im Krankenhaus im Koma liegt, findet die Wende statt.

↓

Alex bekommt eine neue Stelle bei einer Satellitenfirma, wo er Denis kennen lernt. Auch verliebt er sich in Lara, die Krankenschwester seiner Mutter.

↓

Nach 8 Monaten wird Christiane wieder wach, aber sie darf keine Aufregung erleben.
Alex nimmt sie mit nach Hause. Er versucht, ihr die Wende zu verheimlichen.

↓

Alex sucht überall nach alten DDR-Gläsern und füllt die neuen West-Produkte in sie um.
Alex und Ariane suchen das Sparbuch ihrer Mutter. Sie weiß nicht mehr, wo sie ihr Geld versteckt hat.

↓

Christiane will fernsehen und Denis bringt alte Sendungen von *Aktuelle Kamera*. Bei Christianes Geburtstagsfeier singen zwei Jungen ein altes DDR-Lied und alle tun so, als ob die DDR noch existiert.

↓

Ein Banner von der Firma Coca-Cola wird am Nachbarhaus heruntergelassen. Alex und Denis erklären das mit einer Sendung, in der erzählt wird, Coca-Cola sei eine sozialistische Erfindung.

↓

Christiane erinnert sich daran, wo ihr Geld versteckt ist. Alex findet es auf dem Sperrmüll. Aber die Bank kann es nicht mehr umtauschen und Alex wirft das Geld vom Dach des Wohnblocks.

↓

Ariane sieht ihren Vater bei Burger King. Während Alex schläft, steht Christiane auf und geht auf die Straße. Ein Hubschrauber trägt ein Denkmal von Lenin vorbei. Eine weitere Video-Sendung erklärt das alles.

↓

Die Familie macht einen Ausflug zur Datsche. Alex will seiner Mutter die Wahrheit sagen, aber sie erzählt die Wahrheit über den Vater und bittet um Verzeihung.

↓

Christiane hat einen zweiten Herzinfarkt. Ariane findet die Briefe des Vaters und Alex fährt zu ihm nach Wannsee. Er überredet ihn, seine Mutter zu besuchen. Lara erzählt Christiane von der Wende.

↓

Eine dritte Ausgabe der *Aktuellen Kamera* berichtet von dem Mauerfall, mit „Sigmund Jähn"
als „neuer Präsident der DDR". Christiane stirbt 3 Tage später. Alex feuert ihre Asche in den Himmel.

Vokabeln

die Angst fear

die Asche ashes

die Aufregung excitement

belügen to lie to someone

die Datsche summer house

die Demonstration protest march

das Denkmal statue

die Erinnerung memory

erkennen to recognise

der Flüchtling refugee

die Genehmigung permission

die Grenze border

der Herzinfarkt heart attack

der Hubschrauber helicopter

das Koma coma

der Kosmonaut astronaut (East German)

die Mülltonne rubbish bin

das Nasenbluten nose bleed

in Ohnmacht fallen to faint

die Republikflucht escape from the GDR (to the West)

die Satellitenschüssel satellite dish

schaffen to manage to do something

schwanger pregnant

das Sparbuch bank/savings book

der Sperrmüll bulky refuse

der Streit argument

überleben to outlive

umtauschen to exchange

verhaften to arrest

die Verhaftung arrest

verheimlichen to keep secret

verschlafen to sleep through

verstecken to hide

die Wende the 'turning point' i.e. November 1989

zurücktreten to resign

Bernd Lichtenberg, the screenwriter of *Good Bye, Lenin!*, has pointed to two major themes in the film — the love of a son for his mother, and the theme of lies.

Das Thema Liebe

Das Thema **Liebe** spielt eine große Rolle in dem Film. Hauptsächlich geht es um Alex' Liebe zu seiner Mutter und um seine Bemühungen, ihr den Untergang der DDR zu verheimlichen. Die Probleme, die er lösen muss, werden immer komplizierter, aber er handelt immer aus Liebe. Von seiner Kindheit an ist seine Liebe zu seiner Mutter deutlich erkennbar und in ihren letzten Tagen und sogar nach ihrem Tod agiert er aus Liebe. Aber es gibt auch andere kleine Liebesgeschichten in dem Film: die entstehende Liebe von Alex für Lara, Arianes Verhältnis zu Rainer und die nicht gestorbene Liebe zwischen Christiane und ihrem Mann Robert. Diese Beziehungen wollen wir auch untersuchen.

die Liebe love

▲ Katrin Saß und Daniel Brühl im Film von Wolfgang Becker

In the early sequences of the film we see Alex's love as a child for his mother. After her breakdown he pays her regular visits in the clinic. He declares: 'Mama, ich hab dich lieb' and pleads for her to come home: 'Komm zurück. Es ist so langweilig bei Frau Schäfer.' Tearfully he puts his arms round her. When she receives her award for service to the state, he is obviously proud of her, pointing her out when she appears on television: 'Da bist du, Mama.'

At the hospital, following her heart attack, Alex takes her gently by the hand and tells her that she must wake up. Her death is obviously too difficult for him to contemplate. Twice in the film we are shown his vigils at the hospital, and the second time he stays all night by her bed. He visits her regularly and talks to her in her coma. There is obvious concern in his face when the doctor tells him that his mother's life is still in danger. And after her second heart attack he puts his hand on hers in the ambulance.

Following her heart attack, his decision not to tell her the truth about the *Wende* is taken out of love. He knows that she must be protected from excitement and knows she would get upset at the loss of her beloved GDR. He justifies taking her home by saying she would find out about the *Wende* in no time if she stayed in the hospital.

Although they cause him great stress ('Mein Leben veränderte sich gewaltig'), all his deceptions – the old labels put on new foodstuffs, the birthday party, the fake *Aktuelle Kamera* broadcasts – stem from his desire to protect his mother from the new political reality. Even when living with Lara, he still goes to the family flat and prepares his mother's breakfast before he goes to work. At the end of the film he travels out to the suburb of Wannsee to persuade his father to visit Christiane. And in order to produce the final edition of *Aktuelle Kamera*, he searches out the taxi driver. His complex preparations for his mother's birthday party are the prime example of the lengths to which he is prepared to go to ensure that she is happy.

Alex's love for his mother is reciprocated by her love for him. When she returns from the clinic after her period of silence, she embraces him in his spaceman outfit, dances with him and calls him 'mein kleiner Kosmonaut' and she looks on proudly as he fires his model rocket. One of the most moving scenes in the film is the scene in her bedroom when she reveals that it was Alex's concern that kept her from suicide following the departure of Alex's father.

But despite the stressful and time-consuming undertaking of creating an imaginary GDR for his mother, Alex also has time to develop a loving relationship with Lara. Although he fails to learn her name when she helps him on the march, he encounters her again as a nurse on his mother's ward. We see him noting down the times of her shifts, so that he can plan his visits for when she is on duty. In the voice-over he comments that his mother was missing 'meine unaufhaltsamen Fortschritte bei Lara', and reports that (after four carefully timed early shifts and 35 late ones) '(wir) hatten unser erstes romantisches Rendezvous'. They exchange their first kiss by his mother's bedside, just as she awakes from her coma.

Their developing relationship has its ups and downs. Lara expresses her doubts over Alex's actions towards his mother ('Es ist mir zu gruselig, was du da machst') and demands that he tell Christiane the truth. But when he is distressed following his mother's second heart attack, she comforts him. Their love affair provides a moving sub-plot to the film.

The film also charts the love life of Ariane, who is a single mother. Through her new job at Burger King she falls in love with her boss, Rainer – a relationship perhaps engendered by the attraction of a new boyfriend from the West – and he moves into the flat as a lodger. She becomes pregnant by him and they announce to Alex that they will shortly be moving to a larger flat to have 'ein gesamtdeutsches Baby'.

Towards the end of the film we also learn the truth about Alex's father and the Kerner family. Despite being told at the beginning of the film that he has started a new relationship in the West and seeing Christiane throwing away his belongings, we learn that actually there was a loving relationship between Christiane and Robert, that the story of the other woman is not true and that the marriage was brought to an end by Christiane's inability to carry out their plan to escape to the West. Through the years she has continued to love him and it is her heartfelt desire to see him again: 'Mein lieber Robert, ich hab' so oft an dich gedacht. Ich würd' dich so gerne nochmal wiedersehen.'

Equally, Herr Kerner, when Alex visits him, expresses his suffering at being separated from his family: 'Ich hab' 3 Jahre lang auf eine Nachricht von euch gewartet. … Nichts habe ich sehnlicher gewünscht.' He is clearly a loving father to his new family in the West. When he looks in on his children, he calls them 'Bärchen'. He takes his daughter on his knee and his son puts his arm round his neck. Despite his hesitation, his reunion with Christiane appears to be successful, as he spends over an hour with her.

All these various strands of the love theme contribute to the complexity and success of the film.

Das Thema Lüge und Wahrheit

Manche Kritiker haben die Frage gestellt, ob es moralisch richtig sei, dass Alex seine Mutter belügt. Aber er handelt aus den besten Motiven, um seine Mutter vor dem Schreck der **Wahrheit** zu beschützen. Die Erfahrung, dass die DDR nicht mehr existiert, könnte für sie tödlich sein. Seine erste Lüge ist eine **Notlüge**, nämlich, dass seine Mutter wegen der Hitze im Supermarkt umgekippt sei. Aber im Laufe der Handlung muss er immer **erfinderischer** werden, um die Wahrheit nicht erzählen zu müssen. Schließlich entscheidet er im Datsche-Garten, seiner Mutter die Wahrheit zu sagen, aber sie kommt ihm mit ihrer eigenen Wahrheit zuvor. Als er mit ihr die letzte Sendung von *Aktuelle Kamera* ansieht, weiß er nicht, dass Lara ihr schon die Wahrheit gesagt hat. Er ist also jetzt derjenige, der belogen wird, und am Ende des Films glaubt er immer noch, dass seine Mutter gestorben sei, ohne die Wahrheit erfahren zu haben.

die **Wahrheit**   truth

die **Notlüge**   white lie

erfinderisch   inventive

Alex lies (that the new car has arrived) because he needs to change his mother's money into D-Mark. When Christiane hears Herr Ganske watching Western television, Alex explains it away by saying that he fell in love with a woman from Munich and is not the committed socialist that he was. And he tells his mother that Lara's father is a teacher of deaf mutes to protect her from the truth that he has died. Each of these lies leads Alex into a stressful but often humorous situation.

The bigger lies lead to the falsified editions of *Aktuelle Kamera* which he compiles with Denis. In their news broadcasts old clips are often used to reverse the truth. The Coca-Cola advert is explained by a report that it was originally an Eastern invention. The presence of West Germans in the East is explained by saying that they are refugees, dissatisfied with life in the West, while the taxi driver is persuaded to deliver a speech as Sigmund Jähn, the new party leader, opening the borders of the country. The broadcasts do, incidentally, raise the question of how much we are influenced by the media and how easily television viewers and newspaper readers believe the truth as it is presented to them.

The lengths to which Alex goes is symbolised by the shot (which almost becomes a leitmotif) of him sitting in the kitchen surrounded by old jars which he has rescued from the refuse and sterilised, filling them with the new Western products from the supermarket.

It can be said that Alex takes a somewhat cavalier attitude to truth as he realises how easily it can be manipulated. He says: 'Wahrheit ist eine zweifelhafte Angelegenheit, die ich leicht Mutters gewohnter Wahrnehmung angleichen konnte', and he tells his father that inventing truth is quite easy once you start: 'Du musst dich einmal überwinden und dann ist alles ganz einfach.' His father is in fact the only person to whom he tells the truth directly. He openly explains the reason for his visit: 'Mama liegt im Sterben. … Sie will dich nochmal sehen.'

TASK
Geben Sie fünf Beispiele von Alex' Lügen in dem Film.

The one who displays the most concern for truth is Lara. She finds the whole situation 'gruselig' and is annoyed that Alex has told his mother her father was a teacher of the deaf and dumb. She is concerned at the whole principle of lying: 'Du meinst, wenn man sowieso lügt, ist es auch egal.' In the flat she demands that Alex tell his mother the truth: 'Du musst es deiner Mutter sagen.' It is Lara who finally tells Christiane the truth. But she in turn conceals from Alex that his mother knows about, the *Wende*, and when he asks what she and Christiane were talking about, she fobs him off with 'Ist das jetzt wichtig?'

In the garden of the dacha, Alex, having decided to bring the deception to an end, is just about to reveal the truth to his mother, when she reveals a truth of her own. She announces that she has lied to her family by not telling the truth about their father. She (like Alex) has created an illusion. She has hidden her true feelings and longings for years. She reveals that their father's letters are hidden behind the kitchen cupboard. But this lie (like that of Alex) was also perpetrated for good reasons. Too frightened to complete the plan to flee to the West, Christiane did not want to risk losing her children. To cover up her husband's non-return, she invented the story of the other woman.

Later, in the hospital, she also conceals from Alex the fact that she knows the truth about the *Wende*. We assume that she does this out of love: she knows why he has created this imaginary world and does not wish to hurt his feelings.

The film ends with Alex believing that his subterfuge was successful and that his mother died happy.

Das Thema Ost und West

In einer Zeit des politischen Umschwungs hat der Film die geschichtlichen Ereignisse des Jahres 1989 als Hintergrund. Aber wir sehen diese Ereignisse nicht nur für sich, sondern auch ihre Wirkung auf eine ganz alltägliche DDR-Familie. Der Regisseur, Wolfgang Becker, will weder die DDR noch die BRD als Musterland preisen, aber er nimmt diese filmische Gelegenheit wahr, Aspekte der beiden Systeme kritisch zu betrachten. Ein Blick auf die Vergangenheit der DDR lässt eine gewisse (N)ostalgie erwecken, aber durch Alex' Kommentar im Voice-over lässt er auch die Schwächen des Staates erkennen. Ähnlicherweise werden sowohl die positiven als auch die negativen Seiten der Bundesrepublik dargestellt.

Two images in the film mark the end of the GDR. When Honecker resigns, he is symbolically ditched by Alex putting his portrait out in the rain, and Christiane watches as the statue of Lenin is carried away by helicopter, his hand outstretched in farewell greeting.

▲ Lenin sagt auf Wiedersehen

The rapid disappearance of everyday life in the GDR is one of the main features of the film. GDR products are quickly replaced on the supermarket shelves by Western products and Alex's request for them produces incredulity from the assistant: 'Mensch, wo lebst du denn? Wir haben jetzt die D-Mark.' She, like many others, has adjusted quickly to the new situation.

The change of circumstances provokes varying reactions. Alex's firm closes down and he becomes unemployed: 'Ich war der Letzte und ich machte das Licht aus.' But he soon finds another job as an installer of satellite dishes with X-TV.

Ariane is quick to spot the opportunities. As a single mother she needs money and takes a job with Burger King, where she also finds a Western boyfriend. She has no *Ostalgie*. She organises the modernisation of the family flat. She criticises the old GDR-style clothes which Alex makes her wear: 'So einen Schrott hatten wir an', and she finally refuses to put her baby in Eastern nappies. She is young. She and Alex can adjust to the new situation.

But that is not the case for the older generation. For them the *Wende* represents a loss of values and attitudes. The elderly neighbours of the Kerner family find it difficult to come to terms with the changes. Herr Ganske has lost his job (the GDR guaranteed a job for every citizen) and when he sees Alex searching in the rubbish bins he comments: 'Ich bin auch arbeitslos.' When Alex tells them that his mother knows nothing about the *Wende,* Herr Mehlert replies with a laconic 'beneidenswert'. His daughter has also lost her job. Dr Klapprath tells Alex 'Wir waren alle wertvolle Menschen.' Now pensioned off, he has become an alcoholic. They exhibit *Ostalgie* and want the old times back. This is why they enjoy the birthday party in the '79 Quadratmeter DDR' which Alex has created and sing the old songs with obvious pleasure. Frau Schäfer sums it up when she says to Alex: 'Es ist so schön, sich mit deiner Mutter zu unterhalten. Man hat das Gefühl, es ist so wie früher.'

Alex (despite his cynical view of the political regime) also exhibits signs of disappointment. This is reflected in the scene at the bank when the Western bank clerk refuses to change his mother's money: 'Das war unser Geld, verdammte 40 Jahre lang. Jetzt wirst du Wessi-Arschloch sagen, es ist nichts mehr wert.' The value system he grew up with has disappeared overnight.

The film portrays a good image of Alex's childhood in the GDR, playing happily at the dacha, taking part in the activities of the Junge Pioniere and the group of young rocket builders, and he reflects with pride that the first German in space was a GDR citizen: 'Am 26. August 1978 waren wir auf Weltniveau.'

However, the negative side of the state is not avoided. The long waiting time to buy a car or get a telephone connection is alluded to. More seriously, Alex's father had to leave the GDR because he was not a party member and life was made difficult for him: 'Die haben ihm die Arbeit so schwer gemacht, weil er nicht in der Partei war'. And the Stasi's harsh interviewing of Christiane leads to her breakdown. The police are shown breaking up the demonstration with brutal violence and the existence of *Republikflucht* shows that some people were dissatisfied with the system and wanted to leave. The clips of marching soldiers and military vehicles with their huge rockets (described by Alex as 'ein überdimensionierter Schützenverein') show that it was a state built on military power. A key shot shows the disillusioned Alex sitting in front of a poster which ironically proclaims 'Der Mensch steht im Mittelpunkt der sozialistischen Gesellschaft.' There is implicit criticism of the real GDR when Alex remarks that the GDR he created was like the GDR as it was intended to be: 'Die DDR, die ich für meine Mutter schuf, wurde immer mehr die DDR, die ich mir vielleicht gewünscht hätte.'

Despite the scenes of jubilation following the *Wende,* the West is not always painted in a good light either. Symbols of capitalism and consumerism are common: Burger King is shown as the embodiment of Western culture. The changing of the guard is juxtaposed with the arrival of a large consignment of Coca-Cola, and a large banner is unrolled on the building opposite the Kerners' flat. The air balloon which flies past ironically advertises the cigarette brand West. There are hastily erected advertising hoardings in the street, and the *Litfaßsäule* carries an advert for one of Ikea's most successful lines, the Billy bookcase.

But the two systems are also shown to be similar. Christiane cannot tell the difference between the Dutch gherkins she is eating and the Spreewald-Gurken she desired. And Frau Schäfer still has a complaint letter written, but this time to the Western firm Otto-Versand rather than to an East German one, implying that the products in both systems are equally unsatisfactory.

Das Thema Wissenschaft

Das Thema Wissenschaft und Raumforschung dient als metaphorischer Hintergrund zu dem Film. Wir hören im Fernsehen von dem ersten Deutschen im Weltall, Sigmund Jähn, von Alex' Begeisterung für die Raumfahrt und von seiner Teilnahme an einer Gruppe junger Raketenbauer. Aber sein Kommentar im Voice-over beinhaltet auch viel Metaphorik aus der Wissenschaft und aus der Raumfahrt. Die Erde und Satelliten werden oft erwähnt. Und zum Schluss entdeckt er einen Taxifahrer, der wie Sigmund Jähn aussieht, und der ihm hilft, die letzte Sendung von *Aktuelle Kamera* zu drehen. Bilder von Raketen und Feuerwerken am Himmel sind auch eine Art Leitmotiv durch den Film.

Alex's passion as a boy is space travel. We see him watching the launch of Soyuz 31 with his hero (and substitute father) Sigmund Jähn waving to the crowds. While visiting his mother in the clinic, he makes a drawing of a rocket and he dreams of becoming the second German in space. He joins the *AG Junge Raketenbauer,* and we see him successfully launching a rocket he has made. As a young man he still has a picture of Jähn in his room. And his new job in the reunited Germany is the installation of television satellite dishes.

The image of a rocket or a firework in the sky becomes a leitmotif in the film. Denis's jump cut between the bride's bouquet and a cake with candles is a reference to a similar sequence in *2001: A Space Odyssey*. The firework display to celebrate reunification lights up the night sky. Finally Alex's mother's ashes are fired into the sky in a rocket, where they end in a similar starburst. The beginning and end of the film are linked by the image of the cosmonaut, Sigmund Jähn (real and fake).

Scientific language also features prominently in Alex's commentary on events. He compares his mother's coma to a satellite orbiting the earth: 'In ihrem tiefen, nicht endenwollenden Schlaf kreiste sie wie ein Satellit um das menschliche Treiben auf unserem kleinen Planeten.' He compares the increased pace of life in the new Germany to a particle accelerator: 'Das Leben in unserem kleinen Land wurde immer schneller. Irgendwie waren wir alle wie kleine Atome in einem riesigen Teilchenbeschleuniger.' He compares his taxi ride to Wannsee with a space flight: 'So flogen wir durch die Nacht, wie durch die Weiten des Kosmos, Lichtjahre entfernt von unserem Sonnensystem, vorbei an Galaxien mit unbekannten Lebensformen, landeten wir in Wannsee.' And his final vision is of his mother looking down on them from far above the earth: 'Irgendwo da oben schwebt sie jetzt und schaut vielleicht auf uns hinab.'

Key quotation

Das Leben in unserem Land wurde immer schneller.

(Alex)

Alex also uses the language of space travel to describe the taxi driver: 'Da war er. Das Idol meiner Jugend. … Er redete nicht mit Pionieren über die Geheimnisse des Universums, die Freiheit in der Schwerelosigkeit oder die Unendlichkeit des Kosmos', ending bathetically: 'Er fuhr nur ein kleines, stinkendes Lada-Taxi.' On the return trip the driver plays along with the space travel image. When Alex asks him what it was like in space, he replies: 'Ach so, da oben. Wunderschön war es da oben. Nur sehr weit weg von zuhause.' This willingness to participate makes Alex seek him out again to play Jähn in the *Aktuelle Kamera* broadcast, where he draws upon his 'space experience' to deliver his final message: 'Wenn man einmal das Wunder erlebt hat, unseren blauen Planeten aus der Ferne des Kosmos zu betrachten, sieht man die Dinge anders.'

The references to science and space exploration provide a metaphor for change and reflect the political changes. But while the world around him is changing rapidly, Alex is trying to preserve the past in his mother's room. His dream of becoming an astronaut is never achieved, just as the dream of the GDR is never achieved.

Zum Thema Liebe

1 Schreiben Sie die richtige Form des Verbs in Klammern.

1 Alex .... seine Mutter regelmäßig in der Klinik. (besuchen)
2 Im Krankenhaus .... Alex seine Mutter an die Hand. (nehmen)
3 Er .... mit seiner Mutter in ihrem Koma. (sprechen)
4 Er will seine Mutter gegen die Nachricht von der Wende .... (schützen)
5 Er ...., für seine Mutter Spreewald-Gurken zu kaufen. (versuchen)
6 Bevor er zur Arbeit fährt, ... er seiner Mutter das Frühstück. (bringen)
7 Er .... die Nachbarn zur Geburtstagsparty .... (einladen)
8 Er .... seinen Vater, Christiane im Krankenhaus zu besuchen. (überreden)
9 Christiane erzählt Alex, dass sie an Selbstmord .... hat. (denken)
10 Lara .... Alex bei der Demonstration. (helfen)
11 Er .... sie dann wieder im Krankenhaus. (treffen)
12 Er hat sie am Bett seiner Mutter zum ersten Mal .... (küssen)
13 Lara ist böse, dass Alex über ihren Vater eine Lüge .... hat. (erzählen)
14 Lara .... , dass Alex seiner Mutter die Wahrheit sagt. (verlangen)
15 Ariane hat sich von ihrem ersten Mann .... (trennen)
16 Ariane .... sich in Rainer, ihren Boss bei Burger King. (verlieben)
17 Alex' Vater hat auf einen Brief von seiner Familie .... (warten)
18 Ariane .... das Krankenhaus, als sie ihren Vater sieht. (verlassen)
19 Alex .... den letzten Wunsch seiner Mutter. (erfüllen)

Zum Thema Lüge und Wahrheit

2 Ist das richtig oder falsch? Korrigieren Sie die falschen Sätze.

1 Alex sagt seiner Mutter, dass sie im Supermarkt wegen der Hitze in Ohnmacht gefallen sei.
2 Alex braucht das Geld seiner Mutter, um die Miete bezahlen zu können.
3 Denis nimmt alte Nachrichtensendungen und verwendet sie wieder.
4 Der Nachrichtensprecher erklärt, die „Flüchtlinge" aus dem Westen seien mit dem dortigen Leben unzufrieden.
5 Rainer ist bei der Verheimlichung der Wahrheit sehr hilfreich.
6 Ariane findet es gut, dass Alex ihre Mutter mit nach Hause nehmen will.
7 Ariane trägt die alte DDR-Kleidung gern.
8 Schließlich gibt Ariane zu, dass Alex' Idee gut war.
9 Lara ist die Person im Film, für die die Wahrheit am wichtigsten ist.
10 Lara sagt Alex' Mutter die Wahrheit über die Wende.
11 Christiane hat die Briefe ihres Mannes weggeworfen.
12 Christiane sagt Alex, dass sie die Wahrheit weiß.
13 Christiane war ihrem Mann wirklich böse, als er Republikflucht beging.

Zum Thema Ost und West

3 Beantworten Sie die Fragen.

1 Was macht Alex mit dem Bild Honeckers, als er seinen Rücktritt verkündet?
2 Was wird unter dem Hubschrauber weggetragen?
3 Warum kann Alex keine Spreewald-Gurken mehr bekommen?
4 Wie reagiert Ariane beruflich auf die Wende?
5 Was macht sie in der Wohnung?
6 Wer findet es schwierig, mit der Wende zurechtzukommen?
7 Wer sagt Folgendes?
   a Sie haben uns verraten und verkauft.
   b Beneidenswert.
   c Wir waren alle wertvolle Menschen.
   d Man hat das Gefühl, es ist alles so wie früher.
   e Die Umtauschfrist ist abgelaufen.
8 Wie lange musste man in der DDR auf eine Telefonleitung warten?
9 Warum war das Leben in der DDR für Alex' Vater so schwierig?
10 Wo findet man nach der Wende die Werbung für…
   a Coca-Cola?
   b West Zigaretten?
   c IKEA-Möbel?
11 Welcher Wessi wird im Film als hilfsbereit und freundlich dargestellt?
12 Wie viel verdienen die Jungen für das Singen auf Christianes Party?
13 An welche Firma schickt Frau Schäfer ihren Beschwerdebrief nach der Wende?
14 Mit welchem ostdeutschen Wort beschreibt Alex den Sieg der deutschen Fußballmannschaft?

Zum Thema Wissenschaft

4 Füllen Sie die Lücken aus. Benutzen Sie die Wörter unten.

*Als Junge interessiert sich Alex für die **1**.......... . Sein großer **2**..........
ist Sigmund Jähn. Beim Klinikbesuch zeichnet Alex ein Bild von
einer **3**.......... . Nach der Wende installiert Alex **4**.......... . In ihrem
Koma vergleicht Alex seine Mutter mit einem **5**.......... , der die Erde
6.......... . Um die Wiedervereinigung zu feiern gibt es ein großes
7.......... . Der Taxifahrer hat eine gewisse Ähnlichkeit mit dem
8.......... Sigmund Jähn. Alex sagt, das Taxi **9**..........in Wannsee. Am
Ende des Films feuert Alex die Asche seiner Mutter in den **10**.......... .
Er denkt, dass seine Mutter vielleicht auf die Erde **11**.......... .*

Feuerwerk	Rakete
Held	Raumfahrt
Himmel	Satelliten
hinabschaut	Satellitenschüsseln
Kosmonauten	umkreist
landete	

Die Themen auf einen Blick

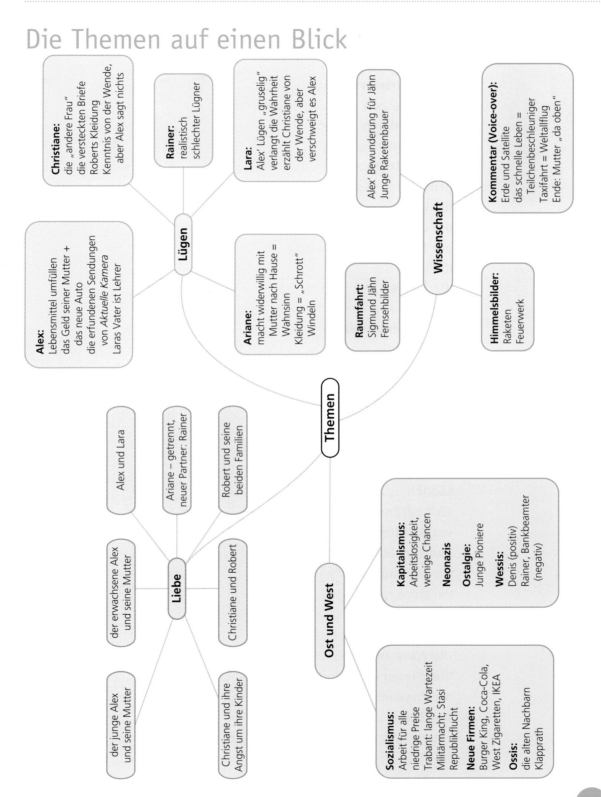

Christiane:
die „andere Frau"
die versteckten Briefe
Roberts Kleidung
Kenntnis von der Wende,
aber Alex sagt nichts

Rainer:
realistisch
schlechter Lügner

Lara:
Alex' Lügen „gruselig"
verlangt die Wahrheit
erzählt Christiane von
der Wende, aber
verschweigt es Alex

Alex:
Lebensmittel umfüllen
das Geld seiner Mutter +
das neue Auto
die erfundenen Sendungen
von *Aktuelle Kamera*
Laras Vater ist Lehrer

Ariane:
macht widerwillig mit
Mutter nach Hause =
Wahnsinn
Kleidung = „Schrott"
Windeln

Lügen

Alex' Bewunderung für Jähn
Junge Raketenbauer

Kommentar (Voice-over):
Erde und Satellite
das schnelle Leben =
Teilchenbeschleuniger
Taxifahrt = Weltallflug
Ende: Mutter „da oben"

Raumfahrt:
Sigmund Jähn
Fernsehbilder

Wissenschaft

Himmelsbilder:
Raketen
Feuerwerk

Themen

Alex und Lara

Ariane – getrennt,
neuer Partner: Rainer

Robert und seine
beiden Familien

der erwachsene Alex
und seine Mutter

Liebe

Christiane und Robert

der junge Alex
und seine Mutter

Christiane und ihre
Angst um ihre Kinder

Ost und West

Kapitalismus:
Arbeitslosigkeit,
wenige Chancen

Neonazis

Ostalgie:
Junge Pioniere

Wessis:
Denis (positiv)
Rainer, Bankbeamter
(negativ)

Sozialismus:
Arbeit für alle
niedrige Preise
Trabant: lange Wartezeit
Militärmacht; Stasi
Republikflucht

Neue Firmen:
Burger King, Coca-Cola,
West Zigaretten, IKEA

Ossis:
die alten Nachbarn
Klapprath

Vokabeln

die Aufregung excitement

beneidenswert enviable

die Dienstzeit working hours; shift

der Drehbuch-Autor scriptwriter

eingipsen to plaster

gesamtdeutsch from the whole of Germany, i.e. East and West

gruselig creepy

die Liebe love

die Litfaßsäule advertising column

der Luftballon air balloon

die Lüge lie

die Medien the media

der Müll rubbish

das Nasenbluten nose bleed

die Ostalgie nostalgia for the old East Germany

das Parteimitglied party member

die Raumfahrt space exploration

rechtfertigen to justify

schwanger pregnant

der Selbstmord suicide

der Sozialismus socialism

tödlich fatal

sich verändern to change

verfälschen to falsify

das Verhältnis relationship

verheimlichen to keep secret

verstecken to hide

die Wahrheit truth

das Weltall universe

die Werbung advertising

die Wiedervereinigung reunification

die Wissenschaft science

der Zufall chance

zuvorkommen to beat someone to it; to get there first

Alex Kerner

Alex ist die **Hauptfigur** des Films. Die ganze Geschichte wird aus seiner Perspektive erzählt und seine oft witzigen und ironischen Kommentare verbinden die einzelnen Teile des Films und leiten die **Handlung** weiter. Alex wird in mehreren Rollen gezeigt: als Sohn, als Bruder, als Liebhaber und als Bürger sowohl der DDR als auch des neuen vereinigten Deutschlands. Seine Versuche, seine Mutter gegen die Wahrheit der Wende und den Verlust ihrer lieben DDR zu schützen, führen manchmal zu kritischen aber humorvollen Situationen, und seine Lösungen tragen viel zu der **Tragikomödie** des Films bei. Das Hauptthema des Films ist Alex' Liebe für seine Mutter. Durch seine Erfindung einer imaginären DDR-Welt in der Wohnung („eine DDR auf 79 Quadratmeter") versucht er, seine Mutter vor der Wahrheit zu schützen, dass die DDR nicht mehr existiert. Diese Notlüge (die immer größer und komplizierter wird) erfindet er aus den besten Motiven – aus Liebe.

die Hauptfigur main character

die Handlung action, plot

die Tragikomödie tragicomedy

Alex is 21 years old when the main part of the film begins. The first shot we see of him is of a somewhat disenchanted young man sitting on a bench and drinking beer. He disposes of the bottle by throwing it into a nearby litterbin. He is not fully convinced of the virtues of the GDR. He remarks on the pomposity of the state functionaries by calling them 'die alten Säcke' and his ironic comments are a source of humour in the film: he describes the military display as 'ein überdimensionierter Schützenverein' and the freedom demonstration as an 'Abendspaziergang', while the later destruction of the Berlin Wall marks the beginning of a 'gigantische Altstoffsammlung'.

Christiane's illness reveals a new side to Alex's character, namely his talent for improvisation in recreating the life of the GDR. He is able to come up with explanations for events that puzzle his mother. He counters his mother's desire to watch television by saying that it would be too strenuous for her. He explains away the Coca-Cola advert with a programme of *Aktuelle Kamera* which claims Coca-Cola was originally a socialist invention, and his final tour de force is to explain the end of the GDR by saying that the new president, Sigmund Jähn, has opened the borders to refugees from the West.

> **TASK**
> **1** Wie erklärt Alex die Anwesenheit von Coca-Cola und vielen Westdeutschen in Ost-Berlin?

However, all these improvisations are not without stress. He has to deal with his mother, opposition from Ariane and sundry other obstacles, while at the same time doing his new job as an installer of satellite dishes. At one point he exclaims to Lara: 'Ich habe eine kranke Mutter, einen anstrengenden Job und eine beleidigte Freundin.' The stress eventually takes its toll and he falls asleep by his mother's bed, which gives her the opportunity to leave the flat and discover the Westernised world outside.

Alex's contacts with the West are not always successful. He does not get on particularly well with Rainer. They argue when he wants to claim back Rainer's room for his mother and again later, in the kitchen, when Rainer allows his mother to have all kinds of visitors. There is also an angry outburst at the bank when he cannot change his mother's money and he clearly resents the attitude of the bank clerk (a Wessi). This attitude reflects the attitude of many GDR citizens to the imposition of attitudes and systems by the people of the West.

Alex admits that his created GDR was 'ein Land, das es nie gegeben hat'. Ironically, the GDR which he creates is perhaps better than the one which really existed. But it is one with which the sceptical Alex could have sympathised. And the words which he puts into the mouth of Sigmund Jähn in the final broadcast of *Aktuelle Kamera* sum up his view of the ideal GDR: 'Sozialismus heißt, auf den anderen zuzugehen. ... Nicht nur von einer besseren Welt zu träumen, sondern sie wahr zu machen.' As the film ends Alex states that when he thinks of this imaginary GDR, it will always remind him of his mother.

At the end of the film, Alex does not realise that his mother knows the truth. The scene in hospital is one of dramatic irony, where the viewer knows the truth, but Alex does not. He maintains this view until the end: 'Ich glaube, es war schon richtig, dass sie die Wahrheit nie erfahren hat. Sie ist glücklich gestorben.' But in actual fact the boot is on the other foot: having done all he can to convince his mother that the GDR still exists, Alex is finally the one who is deceived.

Christiane Kerner

Alex' Mutter Christiane steht im Mittelpunkt des Films. Die ganze Handlung entwickelt sich um sie herum. Nach der Flucht ihres Mannes in den Westen engagiert sie sich völlig im politischen System der DDR. Für sie ist die DDR das ideale Land und deswegen muss sie nach der Wende geschützt werden. Sie darf nicht erfahren, dass die DDR nicht mehr existiert, und das Hauptthema des Films ist der Versuch ihres Sohnes, innerhalb der Wohnung eine DDR-Welt zu schaffen. Ob Christiane von diesem Versuch völlig überzeugt ist, ist fragwürdig. Und bevor sie stirbt, wird sie von Lara über die Wahrheit informiert. Und sie hat auch selbst eine Wahrheit, die sie ihrer Familie **verheimlicht** hat.

verheimlichen to keep secret

We are given a brief glimpse of a happy marriage and family life in the opening sequence of the film, but that soon changes. Alex comments in the voice-over, on the day that Sigmund Jähn became the first German in space (a great day for the GDR), the fortunes of the Kerner family took a turn for the worse: 'Mit unserer Familie aber ging es an diesem Tag so richtig den Bach runter.'

Following the disappearance of her husband to the West, Christiane begins a new life as a single mother. The break is clearly signalled, as she removes her husband's bedding from the bed and sends his clothes away to a charity in

Mozambique. She then engages fully in the life of the GDR. As Alex comments: 'Meine Mutter hat sich mit unserem sozialistischen Vaterland verheiratet.' We see her as a leader of the Junge Pioniere, organising excursions, conducting a choir and engaging in other fun activities.

She also becomes 'eine leidenschaftliche Aktivistin für die einfachen Bedürfnisse der Bevölkerung' and employs her linguistic skills in helping her neighbours and fellow citizens to write letters of complaint about the 'kleine Ungerechtigkeiten des Lebens' to firms and the authorities. Her humorous turns of phrase as she dictates these letters are a source of comedy for her neighbour Frau Schäfer and also for viewers of the film.

All who come into contact with Christiane admire her warmth, her friendliness and her humanity. She is a perfect example of the socialist ideal which 'Sigmund Jähn' later outlines in his first speech as General Secretary of the GDR: 'Sozialismus, das heißt, nicht nur von einer besseren Welt zu träumen, sondern sie wahr zu machen.' She clearly deserves the award which she is given by the state authorities. She is annoyed with Alex when he criticises the GDR leaders and says that rather than leaving the country, the right course of action is to stay and try to improve things. As she recovers from her heart attack she takes up her socialist activities again, dictating a letter for Frau Schäfer, and for Herr Mehlert, whom we see arriving with his malfunctioning toaster. She also wants to offer the family dacha as accommodation for the 'refugees from the West' – a further problem for Alex. However, as we later learn from Dr Klapprath, her idealism was too much for some of her colleagues in the school where she worked and led to her dismissal from her post.

Her love for Alex is shown in her not telling him she knows about the *Wende*. A little smile and a raised eyebrow betray that she does, but she does not want to spoil the effort that he has made for her.

It is perhaps worth noting that the part of Christiane was played by the East German actress Katrin Saß, who was able to draw on her own experiences as a GDR citizen.

Ariane

Ariane ist Alex' 2 Jahre ältere Schwester. Sie ist etwas pragmatischer als Alex, und als junge Frau und Mutter betrachtet sie die Wende als eine Gelegenheit, ihre Lebenssituation zu verbessern. Sie nimmt eine Stelle als **Kassiererin** bei Burger King an und modernisiert die Familienwohnung. Sie **unterstützt** Alex in seinem Versuch, die Wende vor seiner Mutter zu verheimlichen, aber ist von der Idee nicht völlig überzeugt. Sie macht **widerwillig** mit, aber schließlich wird der Stress für sie zu groß und sie sagt, sie sei nicht mehr bereit mitzumachen. Sie erzählt Alex, dass sie ihren Vater gesehen hat, als er bei Burger King war, aber als sie die Briefe in der Küche entdeckt, ist sie nicht bereit, ihn zu besuchen.

die Kassiererin cashier

unterstützen to support

widerwillig reluctantly, unwillingly

While Ariane clearly loves her mother, her relationship with her is not as close as that of Alex. When as children they visit Christiane in the clinic, it is Alex who expresses his love for his mother, while Ariane sits at a table in the background, playing her recorder.

When we see her again in 1989, she is separated from her partner and bringing up a baby (Paula). She sees the *Wende* as an opportunity to improve her situation. She gives up her university studies in economics and takes a job as a cashier at the newly opened Burger King. The shot of her handing purchases to the customers is accompanied in the voice-over by the typically cynical comment from Alex: '(Sie) machte ihre ersten Erfahrungen mit der Geldzirkulation.' She also enters a relationship with her new boss Rainer, the two of them are chosen as 'Mitarbeiter des Monats' and he moves into the family flat as a lodger. She later reveals to Alex that she is pregnant again and that she and Rainer are planning to move into a flat of their own. This causes another annoyed outburst from Alex, as it means that he will have to look after his mother on his own.

Ariane loses patience with Alex as his charade proceeds and in an angry exchange in the kitchen accuses him of running 'einen sozialistischen Veteranen-Club'. She finds the whole situation too much and her stress is shown when she drops a bottle of beer on the floor and suffers a nosebleed.

However, it is Ariane who sets up the events of the second half of the film when she reveals that she has seen their father (now, of course, moving freely about the unified Berlin). He was a customer at Burger King and she recognised him by his voice. Her description of the scene is accompanied by a mini-flashback, and her answer to Alex's question 'Was hast du ihm gesagt?' is the standard greeting to a Burger King customer: 'Guten Appetit und vielen Dank, dass Sie sich für Burger King entschieden haben.' It is one of the memorable comedy moments in the film.

However, Ariane shows an antipathetic attitude to her father. When she finds his letters, she hands one to Alex with his address, but she is not prepared to go and visit him herself. When she later sees him at the hospital, waiting to visit Christiane, she turns around and walks away.

Lara

Lara ist eine junge Krankenschwester aus Russland, die in dem Krankenhaus arbeitet, wo Christiane auf der Intensiv-Station liegt. Sie wird Alex' Freundin und sie finden eine alte Wohnung, wo sie zusammen wohnen. Sie macht bei Alex' Bemühungen mit, die Wahrheit vor seiner Mutter zu verbergen. Manchmal findet sie die Situation lustig, aber manchmal wird sie darüber ärgerlich. Schließlich verlangt sie, dass er ihr die Wahrheit sagt. Sie ist es, die Christiane die Wahrheit erzählt. Ihr Verhältnis mit Alex wird als eine kleine Liebesgeschichte innerhalb der Haupthandlung dargestellt.

Alex first meets Lara at the demonstration, when she helps him as he chokes on a piece of apple. He cannot find out her name as they are separated by police, but she is a nurse on his mother's ward (an example of the operation of chance in the film) and he times his visits to his mother to coincide with Lara's hours of duty. Their first kiss takes place by Christiane's bedside – just at the moment she wakes out of her coma. Alex describes Lara in the voice-over as an 'Austauschengel aus der Sowjetunion'.

She provides an amusing moment in the film when she is practising her plastering skills on Alex, but then walks away in annoyance, leaving him immobile in the bath with plaster casts on his leg, arm and upper body.

Lara is the person in the film who expresses the greatest concern for truth. In the flat she demands that Alex tell his mother the truth: 'Du musst es deiner Mutter sagen'. Again in the garden of the dacha, she prompts him to seize the opportunity, with a meaningful glance and a gentle poke in the ribs. Finally, she is the one who reveals the truth to Christiane. A brief shot shows Lara telling her: 'Es gibt nicht mehr Grenze. … Es ist einfach ein Land.' But she does not tell Alex what she has done. When he asks what they were talking about, she dismisses his question with a simple: 'Ist es wichtig?' As a result, she shares in Ariane's amusement as they watch the final version of *Aktuelle Kamera*, when Alex is the only one who does not realise that his mother knows the truth.

> **Key quotation**
>
> *Es ist mir zu gruselig, was du da machst.*
>
> (Lara)

> **Build critical skills**
>
> Wie steht Lara zur Wahrheit?

Rainer

> Rainer ist der neue Freund von Ariane und ihr Chef bei Burger King. Er kommt nach der Wende mit der Firma nach Berlin. Alex beschreibt ihn als „Klassenfeind und Grillettenchef". Rainer bietet in dem Film ein schlechtes Beispiel von einem Wessi und kommt mit der DDR-Mentalität schlecht zurecht.

Rainer moves into the Kerners' flat, but he does not understand the game which Alex is playing with his mother. He is annoyed that he has to move out so that Christiane can have her old room back and although he protests that he is paying the whole rent, he does not appear to realise what a good deal he is getting. Alex points out to him: '47.80 Mark. Dafür kannst du im Westen nicht mal die Telefonrechnung bezahlen.'

The language of the GDR puzzles Rainer and when Alex provides him with a GDR biography before the birthday celebration, he finds it difficult to remember the terms. His attempts to compensate for his confusion only threaten to ruin the whole pretence and he has to be quickly silenced by Alex. But in a kind of inverted snobbery, like many Westerners, Rainer buys a Trabant car.

Denis Domaschke

> Der neue Arbeitskollege von Alex, Denis Domaschke, ist auch ein Wessi. Die Satellitenfirma, bei der sie arbeiten, bildet absichtlich Arbeitspaare aus Osten und Westen. Aber in Kontrast zu Rainer bietet Denis ein positives Beispiel von der westlichen Bevölkerung. Von Anfang an kommen er und Alex gut miteinander aus, und er bietet Alex technische Hilfe, als er versucht, die Illusion der DDR für seine Mutter neu zu schaffen.

Despite the series of shots which show Alex and Denis being rejected when they try to sell satellite dishes, they appear to be ultimately successful: a panorama shot of the block of flats shows the dishes on a number of balconies. Back at Denis's flat they celebrate their success and drink to their friendship. Denis cements the friendship by jokingly calling Alex by the East German term *Genosse*. He also demonstrates his friendship when he helps Alex put the old furniture back in his mother's room, despite the fact that the flat is on the eighth floor and the lift is not working.

By another piece of chance in the film, Denis's sideline is making videos of family celebrations. He has all the necessary technical equipment for producing these and it is put to good use in the three editions of *Aktuelle Kamera* which he and Alex produce. He hopes one day to become a film director, and he is particularly proud of his sequence based on the jump cut in *2001: A Space Odyssey*. However, as Alex has not seen the film (it was not shown in the East) the allusion is lost on him.

It is Denis's suggestion that Alex satisfy his mother's desire to watch television by showing her old news broadcasts, and the following day he produces some 50 video recordings, saying they are 'von deinem Freund Denis'.

Alex realises that their talents can be combined to produce programmes for his mother to watch: 'Ich musste nur die Sprache der *Aktuellen Kamera* studieren und Denis' Ehrgeiz als Filmregisseur anstacheln.' Denis is prepared to play various roles in the recordings they make and appears as the newscaster as well as the reporter outside the Coca-Cola offices. Denis becomes totally involved in the project and the cassette recordings get better and better. He regards his third programme (the 'election' of Sigmund Jähn) as his best yet and regrets that no-one else will see it: 'Jammerschade, dass den außer deiner Mutter nie jemand sehen wird.'

Die ältere Generation

Drei Nachbarn von der Familie Kerner erscheinen in dem Film: Frau Schäfer, Herr Ganske und Herr Mehlert. Zusammen stellen sie die Reaktion der älteren Generation auf die Wende dar. Sie bereuen das Ende ihrer alten Heimat. Sie sind zu alt, um sich ein neues Leben in dem neuen Deutschland zu schaffen. Sie haben ihr ganzes Leben unter dem alten System gelebt und haben nach der Wende ihre Identität verloren.

Key quotation

Sie haben uns verraten und verkauft.
(Herr Ganske)

Herr Ganske struggles to come to terms with the changes in the social system. He lost his job when the Wall came down. When he sees Alex searching in the rubbish bins for jars, he thinks he is scavenging for food and his lament begins (as it does on each occasion): 'So weit haben sie uns getrieben.' His wish at Christiane's party is: 'Dass alles wird wieder so wie es mal war.' The line is of course ambiguous, although Christiane does not understand what he means by it.

Herr Mehlert's response to Alex's reminder that Christiane slept through the *Wende* and does not know about the changes is a simple 'beneidenswert'.

He brings his broken toaster for her to write a letter about as she used to do. When she observes these visits, Ariane sarcastically asks Alex if he knows he is running a club for old GDR citizens: 'Wir sind hier im sozialistischen Veteranen-Club.'

Joining in Alex's illusion for his mother means that the older generation can recover some of the life they have lost, and at the party they join in singing the old GDR songs. In fact, they know them better than the two boys engaged to sing them (who slip quietly away). There is more than a hint of *Ostalgie* here. Frau Schäfer sums up their attitude when she says: 'Es ist so schön, sich mit deiner Mutter zu unterhalten. Man hat das Gefühl, es ist so wie früher.' She goes away to send her letter to Otto-Versand, a Western mail order firm (which is an ironic comment by the producer that the goods produced by West German firms were just as unsatisfactory as those in the former East).

A further representative of the older generation is Dr Klapprath, the head teacher at Christiane's former school. He too lost his post after the *Wende* and laments to Alex: 'Wir waren alle wertvolle Menschen' — a laconic observation that the new Germany concerns itself less with individuals. Dr Klapprath has become an alcoholic, and when Alex fetches him for the party he must first sober him up. He does, however, deliver a satisfactory, if hesitant, speech to offer Christiane birthday greetings.

TASK

2 Was bedeutet die Wende für die älteren Leute?

▲ Dr. Klapprath mit Christianes Geburtstagsgeschenk

Robert Kerner

Robert ist der Vater von Alex und der Ehemann von Christiane. Er war Arzt, aber weil er kein Parteimitglied war, war sein Leben in der DDR schwer. Deswegen nützte er die Gelegenheit eines Kongresses in West Berlin, um der DDR zu entfliehen. Er hat seiner Familie regelmäßig geschrieben, aber wie wir später erfahren, hat Christiane seine Briefe versteckt. Als Alex ihn besucht, ist er bereit, den letzten Wunsch seiner ehemaligen Frau zu erfüllen, und besucht sie im Krankenhaus.

Robert clearly loves his family and explains that he waited desperately for three years for news of them. He now displays the same love for his new children. After the *Wende* Alex is able to visit him in Wannsee and persuade him to visit Christiane in hospital.

Robert also serves as a contrast figure for the lifestyles of East and West. Alex imagines him as having a swimming pool and finds him living in a large house which contrasts with the Kerners' small flat in East Berlin. The party, with its band, is indicative of his wealth. His lifestyle shows what Alex's life could have been like if his mother had had the courage to carry out the plan for her to flee to the West.

Alex

1 Wie alt ist Alex, als wir ihn zum ersten Mal sehen?

2 Wofür interessiert er sich?

3 Wer ist zu dieser Zeit sein großer Held?

4 Wo trifft Alex Lara zum ersten Mal?

5 Was passiert mit Alex auf der Demonstration?

6 Wen lernt Alex im Krankenhaus kennen?

7 Warum will er seine Mutter aus dem Krankenhaus mit nach Hause nehmen?

8 Was muss Alex in das Zimmer seiner Mutter zurückbringen?

9 Nennen Sie zwei Produkte, die Alex für seine Mutter sucht.

10 Wo bekommt Alex die alten Gläser?

11 Was für eine Arbeitsstelle hat Alex nach der Wende?

12 Mit wem arbeitet er dann zusammen?

13 Warum will Alex an das Geld seiner Mutter kommen?

14 Was organisiert Alex für seine Mutter und wer wird eingeladen?

15 Was dürfen sie nicht sagen?

16 Wo findet Alex das Geld seiner Mutter?

17 Warum kann er das Geld nicht umtauschen?

18 Was macht er also mit dem Geld?

19 Wo besucht Alex seinen Vater?

20 Wozu überredet Alex seinen Vater?

21 Was macht Alex mit der Asche seiner Mutter?

22 Woran wird Alex denken, wenn er an seine erfundene DDR-Welt denkt?

Christiane

23 Was passiert mit Christianes Mann?

24 Wie zeigt Christiane, dass sie ihren Mann vergessen will?

25 Was wird Christiane nach dem Abschied ihres Mannes?

26 Wie hilft Christiane den Nachbarn?

27 Was bekommt Christiane von der Regierung für ihre Arbeit?

28 Was passiert mit Christiane bei der Demonstration?

29 Wie lange liegt sie im Koma?

30 Was weiß sie also nicht, als sie wieder wach wird?

31 Woran kann Christiane sich nicht mehr erinnern?

32 Warum darf Christiane nicht fernsehen?

33 Was sieht Christiane bei ihrer Geburtstagsparty durch das Fenster?

34 Was sieht Christiane auf der Straße als sie die Wohnung verlässt?

35 Was fliegt vorbei und was trägt es?

36 Wie will Christiane den Flüchtlingen aus dem Westen helfen?

37 Was erzählt Christiane auf der Datsche?

38 Was passiert am selben Abend?

Ariane

39 Was macht Ariane nach der Wende?

40 Mit wem beginnt sie ein neues Verhältnis?

41 Was macht sie mit der Wohnung nach der Wende?

42 Wie reagiert sie auf den Stress der ganzen Situation?

43 Welche überraschende Nachricht sagt sie Alex in der Küche?

44 Wo findet sie die Briefe ihres Vaters?

45 Wie reagiert sie auf diese Entdeckung?

46 Was macht sie, als sie ihren Vater im Krankenhaus sieht?

Lara

47 Aus welchem Land kommt Lara?

48 Wo sieht Alex sie zum ersten Mal?

49 Wo arbeitet sie?

50 Warum ist sie bei Christianes Geburtstag mit Alex böse?

51 Was verlangt sie von Alex?

52 Was erzählt sie Christiane?

Rainer

53 Was ist sein Beruf?

54 Aus welchem Teil Deutschlands kommt er?

55 Wie findet er die Ossis?

56 Was vergisst er, als er bei der Geburtstagsparty vorgestellt wird?

57 Was kauft er sich?

Denis

58 Aus welchem Teil Deutschlands kommt Denis?

59 Was macht er als Nebenjob?

60 Was macht er für Alex, als Christiane fernsehen will?

61 Welche Rollen spielt er in den Sendungen von *Aktuelle Kamera*?

62 Wie viele Sendungen macht er insgesamt?

63 Was meint er von der letzten Sendung?

Die Personen auf einen Blick

Frau Schäfer, Herr Ganske, Herr Mehlert

Die Nachbarn der Familie Kerner.
Stellvertreter der älteren Generation.
Finden es schwierig, in dem vereinten Deutschland
mit dem Leben zurechtzukommen.

Dr. Klapprath

Ehemaliger Schuldirektor
von Christiane. Hat seine
Stelle nach der Wende
verloren. Jetzt Alkoholiker.

Christiane Kerner

Frau von Robert und Mutter von Alex und Ariane.
Erleidet einen Herzinfarkt und verpasst die Wende im Koma.

Robert Kerner

Ehemann von Christiane und
Vater von Alex und Ariane.
Flieht in den Westen.
Wird nach der Wende von Alex
in Wannsee besucht.

Alex Kerner

Held des Films. Versucht für seine
Mutter die Illusion der alten DDR
aufrechtzuerhalten.

Ariane Kerner

Schwester von Alex.
Nimmt nach der Wende eine
Stelle bei Burger King.
Freundin von Rainer, ihrem
Chef bei Burger King.

Denis Domaschke

Alex' Kollege bei der Satellitenfirma.
Macht Videofilme als Hobby.
Hilft bei der Vorbereitung der
Sendungen von *Aktuelle Kamera*.
Ein positives Beispiel von einem Wessi.

Lara

Krankenschwester aus der
Sowjetunion. Freundin von Alex.
Sagt Christiane die Wahrheit
über die Wende.

Vokabeln

der Alkoholiker alcoholic

die alleinerziehende Mutter single mother

die Aufregung excitement

der Bürger citizen

die Demonstration demonstration, protest march

die Dienstzeiten working hours

eingipsen to plaster

der Flüchtling refugee

die Grenze border

die Handlung action

die Hauptfigur main character

der Herzinfarkt heart attack

humorvoll humorous

die Kassiererin cashier

die Kindheit childhood

das Koma coma

der Kommentar commentary

die Krankenschwester nurse

die Liebe love

lügen (p.p. **gelogen**) to lie (lied)

die Nachrichtensendung news broadcast

der Ossi Easterner, person from GDR

die Ostalgie longing/nostalgia for the old East Germany

der/die Schauspieler(in) actor (actress)

der Schuldirektor head teacher

schützen to protect

die Sendung broadcast

das Studium university study/course

die Tragikomödie tragicomedy

vereinigen to unite

sich verheiraten mit to get married to

die Wahrheit truth

die Wende the 'turning point' (i.e. reunification of Germany)

der Wessi Westerner, person from BRD

witzig funny

Soundtrack

sound track der Ton, der Soundtrack

voice-over das Voice-over

The **sound track** is a particularly important aspect of the film. It incudes the **voice-over** (the voice of a narrator or character which is not part of the action of the film), which provides Alex's commentary on events, so that we see them from his point of view.

Alex's voice-over provides information about the historical events which took place during Christiane's coma: the resignation of Honecker; the fall of the Berlin Wall; reunification; the election of Helmut Kohl as Chancellor; and the opening of the borders. He also comments on the change of lifestyle following the *Wende*, such as the filling of the supermarket shelves with Western products: 'Über Nacht hatte sich unsere graue Kaufhalle in ein buntes Warenparadies verwandelt.'

Through the voice-over Alex also marks the developments in his family's personal lives: the disappearance of his father to the West ('Er kam nie mehr zurück'); the arrival in his life of Lara ('Austauschengel aus der Sowjetunion'); his firm closing down and his losing his job ('Ich war der Letzte und ich machte das Licht aus').

The commentary reflects Alex's cynical view of the GDR. He refers to the military parade as 'ein überdimensionierter Schützenverein'. The protest march is described by 'mehrere hundert Menschen (hatten) sich zum Abendspaziergang zusammengefunden'. The tuneless singing of the German national anthem by the government ministers outside Schöneberg Town Hall is 'ein klassisches Konzert'. Ariane's job at Burger King is described (in contrast to her study of economics) as 'ihre ersten praktischen Erfahrungen mit der Geldzirkulation' and the D-Mark is described as 'echtes Geld' arriving 'aus dem Land hinter der Mauer'. He also expresses his critique of West Germany as he talks about 'meine ersten kulturellen Entdeckungen in einem neuen Land', while showing aspects that are far from being high culture.

Methoden der Dreharbeiten

filming die Dreharbeiten

Super 8 (mm film) camera Super-8-Kamera

Wolfgang Becker has combined a variety of filming methods. The film begins with a sequence taken with a **Super 8 camera**. Many families owned these to record family life. The shots are wobbly and unsteady, taken with a hand-held camera. They are often poorly framed and reflect the work of an amateur. The pale colours reflect the age of the film. They serve to show Alex's happy childhood: the weekend at the dacha; the excursion on the train with the Junge Pioniere; and Christiane with her choir. The repetition of the shot of Christiane in fancy dress with her Young Pioneers in the final sequence brings the film back to its starting point.

A number of **extracts from television broadcasts** are incorporated into the film: the television report of the Soyuz 31 rocket launch, Christiane attending the award ceremony, the announcement of Honecker's resignation and the *Sandmännchen* broadcast. Other television extracts are later put to a different use by Denis in producing his own versions of *Aktuelle Kamera*.

extracts from television broadcasts **Auszüge aus Fernsehsendungen**

Extracts from old films are used to show the historical events which form the background to the film. These are often iconic images which reflect people's memories of these events: the military parade to celebrate the fortieth anniversary of the GDR; the singing of the German national anthem at Schöneberg; the demolition of the Berlin Wall and watch tower; and the crowds streaming through the newly opened border. The shots of old East Berlin at the end of the film also provide a nostalgic look back at the GDR that Alex and his mother used to know.

extracts from old films **Auszüge aus alten Filmen**

The programmes which Denis and Alex produce use old newsreel clips, but their meaning is often reversed: West Berliners climbing on the Berlin Wall, people rushing into the East, the promise of 200 Marks welcome money to Westerners in the East – all these events in reality took place the other way round.

Kameraführung

camera work **Kameraführung**

For this section, see also the information about techniques on page 17.

A large proportion of the film consists of **two-shots** (**shots** in which two people appear). As the film is largely about interpersonal and family relationships, these shots emphasise the different aspects of these relationships. The fact that Alex appears in so many of these two-shots is indicative of his centrality to the film.

two-shot **das Two-Shot, die Zweier-Einstellung**

(camera) shot **die Einstellung**

The shots of *Alex and his mother* highlight the love between them. For example when Christiane returns from hospital she thanks Alex for his support after his father left. Similarly, the progress of *Alex and Lara's* love affair is charted through the film. Various **close-ups** show its development, from their first encounter in the hospital and their first date to sleeping together in the flat. However, the two-shots also show the strain which the situation is placing on their relationship, as they argue following the lies at Christiane's party.

close-up **die Naheinstellung**

Two-shots frequently show *Alex and Ariane* discussing the subterfuge Alex is perpetrating. They exchange glances as he tells his first lie. As they leave the hospital, she protests that taking their mother home is 'kompletter Wahnsinn'. They argue about restoring Christiane's room to its former condition. And in the bathroom Alex consoles her when she reveals that she has seen their father.

The two-shots involving *Alex and his father* sitting on the sofa in the television room show the awkwardness of their reunion. The gap between them signifies their apartness and the conversation proceeds awkwardly. The father sits uneasily forward on the edge of the sofa, while Alex leans back, trying to make conversation, and they hardly look at each other.

A crucial two-shot shows *Lara telling Christiane* that the border has gone and that Germany is reunited.

TASK
Was sind Two-Shots und warum sind sie so wichtig in dem Film? Geben Sie Beispiele.

one-shot   **die Einer-Einstellung**

In contrast to the two-shots are a number of **one-shots** (shots where only one person is in the frame). When we see Christiane in the clinic after her breakdown, the one-shots emphasise her loneliness in her silence. At the rocket launch they show her pride in her son's achievement. Isolated in her red evening dress (against the browns and dark greens of the demonstrators) we see her concern as the demonstration is broken up and Alex is arrested.

When Christiane cannot remember where her money is hidden, the one-shot close-ups of all three participants, Alex, Christiane and Ariane, show their deep concern. The one-shot of Dr Klapprath reveals his isolation in his flat and emphasises his loss of identity. When Christiane discovers the world in the street outside, the **half-shot** emphasises her bewilderment about the street scene with its Western cars and advertising. When Ariane sees her father in the hospital corridor, the cuts between the one-shots emphasise the gap between them and that she cannot bring herself to meet him.

half-shot   **die Halbtotale-Einstellung** (zeigt die ganze Person von Kopf bis Fuß in ihrer unmittelbarer Umgebung)

▲ Christiane erzählt die Wahrheit

A key one-shot close-up towards the end of the film shows Christiane in her deckchair as she confesses that she hid the truth from her children. She delivers a long monologue, while silent shots of the other family members show their reactions, thus creating a moving and tragic scene.

Shots of the sky function as a kind of leitmotif throughout the film. At the beginning this is used to bridge the passage of time. Alex fires his model rocket into the sky, but the shot then **pans down** to a shot 10 years later of Alex as a young man. A firework display which Alex and Lara watch from the rooftop celebrates the German football team winning the world cup. An advertising balloon for West cigarettes flies past the flat. The statue of Lenin flies past beneath a helicopter and the camera **pans** with it as Lenin takes his leave. A shot of the moon as Alex rides back in the taxi prompts his question to the taxi driver: 'Wie war es denn da oben?' A huge firework display takes place to celebrate reunification, which Christiana thinks is for the GDR anniversary. Finally we see the rocket with Christiane's ashes exploding in a burst of sparks in the sky. (See also the theme of science on page 45.)

shots of the sky   **Bilder des Himmels**

to pan   **schwenken** (eine Bewegung der Kamera von links nach rechts oder von oben nach unten)

the film is speeded up   **der Film wird beschleunigt**

On a number of occasions **the film is speeded up**, such as when Alex and Denis arrive in their van to sell satellite dishes. This and the accompanying theme music with its insistent rhythm show the increasing pace of life in the new Germany. When Alex and Denis reinstate the furniture in Christiane's room the speeding up of the film (backed by the *William Tell* overture) stresses the urgency of the operation. The speeded-up search for Christiane's bank book (backed by the title music again) shows that it is urgent to find it before the period runs out for exchanging East German Marks into Western currency.

GRADE *BOOSTER*

Make sure that you know the technical words for film-making, such as *die Einstellung*, *das Voice-over*, *die Halbtotale*. You will need these to discuss the techniques the producer uses.

Genre

The film has been categorised as a tragicomedy: while there are a number of scenes which verge towards the tragic, the film also contains a large number of comic moments.

Gentle comedy arises from the situation of trying not to mention the *Wende*. When Alex and Ariane are trying to get access to Christiane's bank account, they invent the excuse that the new car is ready. This is then followed by the revelation by Christiane that she has hidden her money — and cannot remember where.

genre **das Genre**

Verbaler Humor

As well as the humour derived from Alex's cynical comments in the voice-over commentary, there is also verbal humour in the high-flown language of the letters of complaint which Christiane dictates for her neighbour Frau Schäfer: 'auch in der DDR gibt es nicht nur junge Eisprinzessinnen und exquisite schlanke Genossinnen'. And after her return home (blissfully unaware that she is now addressing a West German firm) she complains about the size of a garment: 'In der Hauptstadt jedenfalls leben keine so kleinen und viereckigen Menschen. … Wir werden uns bemühen in Zukunft kleiner und viereckiger zu werden.'

Verbal humour is also derived from Rainer's inability to understand the GDR terminology: 'Gruppenrats… was?' And when Alex asks what Ariane said to their father when she saw him, she gives the standard Burger King greeting: 'Guten Appetit und vielen Dank, dass Sie sich für Burger King entschieden haben.'

verbal verbal

der Humor humour

Visueller Humor

A comic scene is produced by Christiane's revelation of where the money is hidden. A flashback shows the red dot on the furniture being thrown away, followed by Alex's look of horror and his frantic search among the rubbish on the street (backed by another humorous protest from Herr Ganske). Three narratives are running at the same time in this scene: Alex's search for the money; Denis's dreams about developing the video business; and Herr Ganske's lament about the post-*Wende* situation.

visuell visual

The comedy is summed up in Alex's description of himself as a submarine captain trying to close one leak after another, reflecting the chaotic situation he has created with his plan: 'Kaum hatte ich ein Leck geschlossen, brach ein neues aus. Ariane versagte mir die Waffenbrüderschaft, der Klassenfeind hisste die Cola-Flagge und ein frischer Westwind blies mir Mutters Geld um die Ohren.'

Christiane's birthday party provides one of the comedic highlights of the film. Humour is engendered by Alex's attempts to sober up Dr Klapprath. Lara is then surprised at Alex's lie about her father. Rainer is unable to play his GDR role and forgets the terminology. During Alex's speech, a Coca-Cola banner is unrolled on the building opposite – which he cannot see because he has his back to the window. The boys are asked to sing another song, but they do not know one and slip away as the neighbours sing.

▲ Lara gipst Alex ein

farce   **die Farce**

Some elements of the humour are pure **farce**. Rainer leaps about naked as the Venetian blind falls on his foot. Allegedly demonstrating how to carry out CPR (cardiopulmonary resuscitation), the doctor beats Alex on the chest – while actually taking revenge on Alex for his remarks about 'Verantwortung'. The humour of the scene is enhanced by Alex being shown from a **bird's eye view**, while the doctor is shown from a **worm's eye view**. There is also farcical humour in Alex, plastered on every limb, struggling to get out of the bath.

bird's eye view   **die Vogelperspektive**

worm's eye view   **die Froschperspektive**

(mock) recordings   **die (verfälschten) Aufnahmen**

The **mock recordings** of *Aktuelle Kamera* are a source of humour in themselves. In the broadcast explaining that Coca-Cola was originally an East German invention, the confrontation with the Coca-Cola security guard is transformed to portray the guard as a West German official hindering the filming.

In the second film Denis, with a stuck-on moustache and wearing a jacket and tie, is the newscaster. The picture of Berlin falls down just as they are about to start recording and when Denis stands up, we see he has no trousers on. The broadcast explains the presence of Westerners as a humanitarian gesture by Honecker.

The third film reports Honecker's resignation and the appointment of Jähn as his successor. Because Alex is sitting forward of the others, he cannot see their amused reactions and the fact that his mother knows the real truth.

Alex invents the text of these news broadcasts by copying the style of language. The superior level of vocabulary ('zugestellt', 'gewährleisten', 'Bevollmächtigen') shows that he has achieved the right level.

GRADE *BOOSTER*

Before you start to answer the question, it is a good idea to write down your ideas in the form of a plan or mind map. Then number them in the order you are going to write about them.

Über den Film

1 Füllen Sie die Lücken aus. Benutzen Sie die Wörter aus dem Kasten.

1 Der .... heißt Wolfgang Becker.
2 Becker hat auch am .... mitgeschrieben.
3 Der .... des Films ist Ost-Berlin im Jahr 1989.
4 Die .... von Alex Kerner wird von Daniel Brühl gespielt.
5 Die .... des Films läuft meistens chronologisch.
6 Der Film gehört zu dem .... Tragikomödie.
7 Die ersten Szenen hat man mit einer .... gedreht.
8 Die .... zeigt, wie schnell und dringend alles ist.
9 Die vielen Two-Shots betonen die .... zwischen den Personen.
10 Das Verhältnis zwischen Alex und Lara ist eine kleine ....
11 Ein Hauptthema des Films ist ....

Beziehungen	Lügen
Drehbuch	Regisseur
Genre	Schauplatz
Handlung	Super-8-Kamera
Hauptrolle	Titelmusik
Liebesgeschichte	

Über die Technik des Films

2 Zu welchem Filmelement gehören die folgenden? Schreiben Sie entweder *Bild*, Ton, oder *Schnitt*.

1 Musik
2 Flash-Back
3 Schwenk
4 Singen
5 Vogelperspektive
6 Insert
7 Voice-over
8 Naheinstellung
9 Beschleunigung
10 Detail
11 Two-Shot

3 Welche Definition passt zu welchem Begriff? Wählen Sie aus den Wörtern im Kasten.

1 Wir sehen ein Bild von einer ganzen Straße.
2 Ein Text wird auf der Leinwand gezeigt.
3 Wir sehen den Rücken einer Person und das Gesicht des Gesprächspartners.
4 Wir sehen einen Teil eines Objekts oder einer Person.
5 Der Ton beginnt in einer Szene und läuft in die nächste hinüber.
6 Es wird Musik gespielt, die nicht zu der Szene gehört.
7 Wir sehen eine Szene, die früher passiert ist.
8 Eine Stimme kommentiert die Handlung im Film.
9 Der Film zeigt zwei Personen im Gespräch.

Detail	Soundtrack
Flash-Back	Tonbrücke
Insert	Two-Shot
Over-Shoulder-Shot	Voice-over
Panorama-Shot	

Die Technik des Regisseurs

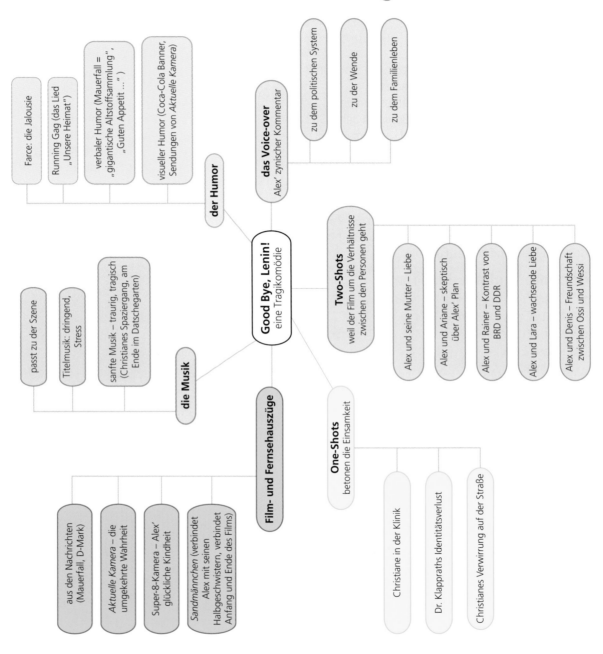

der Humor

Farce: die Jalousie

Running Gag (das Lied „Unsere Heimat")

verbaler Humor (Mauerfall = „gigantische Altstoffsammlung", „Guten Appetit …")

visueller Humor (Coca-Cola Banner, Sendungen von *Aktuelle Kamera*)

das Voice-over
Alex' zynischer Kommentar

zu dem politischen System

zu der Wende

zu dem Familienleben

Good Bye, Lenin!
eine Tragikomödie

Two-Shots
weil der Film um die Verhältnisse zwischen den Personen geht

Alex und seine Mutter – Liebe

Alex und Ariane – skeptisch über Alex' Plan

Alex und Rainer – Kontrast von BRD und DDR

Alex und Lara – wachsende Liebe

Alex und Denis – Freundschaft zwischen Ossi und Wessi

passt zu der Szene

Titelmusik: dringend, Stress

sanfte Musik – traurig, tragisch (Christianes Spaziergang, am Ende im Datschegarten)

die Musik

Film- und Fernsehauszüge

One-Shots
betonen die Einsamkeit

Christiane in der Klinik

Dr. Klappraths Identitätsverlust

Christianes Verwirrung auf der Straße

aus den Nachrichten (Mauerfall, D-Mark)

Aktuelle Kamera – die umgekehrte Wahrheit

Super-8-Kamera – Alex' glückliche Kindheit

Sandmännchen (verbindet Alex mit seinen Halbgeschwistern, verbindet Anfang und Ende des Films)

Vokabeln

der Anfang beginning
die Atmosphäre atmosphere
die Detail-Einstellung extreme close-up
der Dialog dialogue
das Drehbuch screenplay
der Drehort location
die Einstellung shot, take
das Ende end
die Farbe colour
einen Film drehen to shoot a film
die Filmmusik background music
das Genre genre
der Genre-Mix mixture of genres
der Geschichtsfilm historical film
die Halbnah-Einstellung medium shot
die Halbtotale-Einstellung half-shot
die Handlung action
die Kamerafahrt camera movement
die Kostüme costumes
der Liebesfilm love story
die Nah-Einstellung close-up
der Off-Ton sound which is out of shot
der On-Ton sound which belongs to the scene
der Regisseur director
die Requisiten props
der Schauspieler actor
der Schnitt cut
der Schwenk panning
die Sequenz film sequence
die Szene scene (of a play or film)
der Ton sound
die Tonbrücke sound bridge
die Totale-Einstellung full shot
das Voice-over voice-over
der Zuschauer viewer, cinema-goer

7 Exam advice

Den Aufsatz planen

Planning is an important part of your examination time. As a rough guide you should spend about 10 minutes planning your essay, 50 minutes writing it and 5 minutes checking it.

A well-planned essay makes points clearly and logically so that the examiner can follow your argument. It is important to take time to devise a plan before you start writing. This avoids a rambling account or retelling the story of the work you are writing about. The following points may help you to plan your essay well:

- Read the essay question carefully. Make sure you have understood what you are being asked to do rather than focusing on the general topic.
- From the outset it is sensible to plan your essay in the target language. This will prevent you writing ideas that you are not able to express in the target language.
- Focus on the key words. For example, you may be asked to analyse, evaluate, explore, explain. Look for important key words such as *inwiefern, aus welchen Gründen and wie.*
- Select the main point you want to make in your essay and then break this down into sub-sections. Choose relevant information only. Avoid writing an all-inclusive account that occasionally touches on the essay title.
- Decide on the order of the main ideas that become separate paragraphs. Note down linking words or phrases you can use between paragraphs to make your essay flow as a coherent and logical argument.
- Select one or two relevant and concise quotations that you can use to illustrate some of the points you make.
- Think about the word count for the essay. The examination boards stipulate the following word counts:

	AS	A-level
AQA	Approximately 250 words	Approximately 300 words
Edexcel	275–300 words	300–350 words
WJEC	Approximately 300 words	Approximately 400 words
Eduqas	Approximately 250 words	Approximately 300 words

Consider how many words to allocate to each section of your essay. Make sure that you give more words to main points rather than wasting valuable words on minor details.

- Finally consider how to introduce and conclude your essay, ensuring that you have answered the question set.

A well-planned essay will have an overall broad structure as follows:
- **Introduction** You should identify the topic without rewriting the essay title. You should state your position on the issue.
- **Body of the essay** In several paragraphs you should give evidence to support a number of main points.
- **Conclusion** Here you should summarise your ideas and make a final evaluative judgement without introducing new ideas.

Den Aufsatz schreiben

Methode

Now you have to put flesh on the bones of the plan that you have drafted by writing a structured response to the essay question.
- Remember that you are writing for a person who is reading your essay: the content should interest your reader and you should communicate your meaning with clarity and coherence.
- It is important to be rigorous in sticking to your plan and not to get side-tracked into developing an argument or making a point that is not relevant to the specific essay question. Relevance is always a key criterion in the examination mark schemes for essays, so make sure that you keep your focus throughout on the exact terms of the question. Do not be tempted to write all that you know about the work; a 'scattergun' approach is unproductive and gives the impression that you do not understand the title and are hoping that some of your answer 'sticks'.
- It is important to think on your feet when writing an examination essay. If you produce a pre-learnt essay in an examination, in the hope that that will fit the title, you will earn little credit, since such essays tend not to match what is required by the title and give the impression that you do not understand the question.
- If you are completing an AS examination, the question might require you, for example, to examine a character or explain the theme of the work. You will also have a list of bullet points to help you focus on the question. Ensure that you engage with these guidance points, but be aware that they do not in themselves give you a structure for the essay. At A-level you will normally have a statement requiring you to analyse or evaluate an aspect of the work.
- Since examination essays always have a suggested word limit, it is important to answer as concisely as you can. It should always be possible to write a meaningful essay within the allocated number of words.

Struktur

1 Die Einleitung

The introduction gives you the opportunity to show your understanding of the work. It should be a single paragraph which responds concisely to the essay question. In a few sentences you should explain to your reader what you understand the question to mean, identify issues it raises and say how you are going to tackle them. Avoid statements in the target language that equate to 'I am now going to demonstrate …' or 'This essay is about …'.

2 Der Hauptteil des Aufsatzes

- This part will be divided into a number of interconnected paragraphs, each of which picks up and develops the points raised in your introduction.
- Each paragraph should be introduced with a sentence stating what the paragraph is about.
- Make sure you follow a clear pathway through your paragraphs, leading to your conclusion. This requires skills of organisation, in order to ensure the smooth development of your argument. You should move from one facet of your argument to the next, linking them conceptually by, for example, contrast or comparison.
- Each paragraph will have an internal logic, whereby you examine a separate point, making your argument and supporting it with examples and quotations. For example, your essay title might lead you to examine the pros and cons of a statement, with the argument finely balanced. In this case you can dedicate one paragraph to discussing the pros in detail, another to the cons and a third to giving your decision on which view is the more persuasive and why.

3 Der Schluss

Read through what you have written again and then write your conclusion. This should summarise your argument succinctly, referring back to the points you raised in your introduction. If you have planned your essay well, there should be no need to do anything other than show that you have achieved what you set out to do. Do not introduce new ideas or information.

Sprache

- Linkage of the paragraphs is both conceptual, i.e. through the development of connected ideas in the body of the essay, and linguistic, i.e. through expressions which link paragraphs, sentences and clauses. These expressions are called connectives and they work in various ways, for example through:
  - contrast *(jedoch, auf der anderen Seite, umgekehrt)*
  - explanation *(das heißt, mit anderen Worten, es ist bemerkenswert)*
  - cause/result *(als Ergebnis, deshalb, wegen, aus diesem Grund)*
  - additional information *(auch, außerdem, ebenfalls)*
  - ordering points *(zuerst, dann, nachher)*
- When writing your essay, a degree of formality is necessary in your style. Be attentive to the register you use, especially the differences between written and spoken language. Avoid colloquial language and abbreviations.
- It is important to learn key quotations from the work and to introduce them in order to support aspects of your argument. When quoting, however, be careful not to make the quotation a substitute for your argument. Quotations

should illustrate your point aptly and not be over-long. Resist the temptation to include quotations that you have learned if they are not relevant to the essay question.

- In a foreign language examination, accurate language is always an assessment factor. Review your finished essay carefully for errors of grammar, punctuation and spelling. Check especially verb endings, tenses and moods, and adjective agreements. You should employ a good range of vocabulary and include terminology related to film or literature (e.g. *die Handlung, die Personen, die Szene, das Thema*).

For a list of useful connectives and film- and literature-related vocabulary, see pages 76–78.

Kurze Schreibübungen

1 Was erfahren wir über Alex' Kindheit in dem Film? Überlegen Sie die folgenden Punkte:
- ◢ die Szene im Garten der Datsche
- ◢ die Nachricht über seinen Vater
- ◢ seine Interessen als Kind
- ◢ sein Verhältnis zu seiner Mutter
- ◢ die traurigen Szenen am Anfang des Films
- ◢ die Party in Alex' Vaters Haus in Wannsee.

2 Welche Folgen hat die Wende für Alex persönlich? Sind diese Folgen positiv oder negativ?

Schreiben Sie einen Absatz, in dem Sie die folgenden Punkte besprechen:
- ◢ sein Besuch in West Berlin
- ◢ sein Beruf
- ◢ die Wohnung, die er mit Lara teilt
- ◢ seine Versuche, seiner Mutter die Wende zu verheimlichen
- ◢ seine Versuche, DDR-Produkte zu kaufen
- ◢ die Wiedervereinigung mit seinem Vater.

3 Schreiben Sie einen Absatz über Ariane und die Rolle, die Sie in dem Film spielt.

Erwähnen Sie die folgenden Stichpunkte:
- ◢ ihre Lebenssituation vor der Wende
- ◢ wie sie auf die Wende reagiert
- ◢ ihre Meinung über Alex' Plan, ihrer Mutter nichts von der Wende zu erzählen
- ◢ ihre Reaktion, als Christiane im Garten der Datsche die Wahrheit erzählt
- ◢ die Rolle, die sie im Film spielt.

4 Warum ist die Szene, in der Christiane die Wohnung verlässt, für den Film so wichtig?

Schreiben Sie einen Absatz, in dem Sie die folgenden Fragen beantworten:
- ◢ Warum kann Christiane die Wohnung verlassen?
- ◢ Was bemerkt sie im Lift?
- ◢ Was passiert vor der Wohnung?
- ◢ Wie sehen die Möbel des neuen Nachbarn aus?
- ◢ Was erfährt sie von dem jungen Mann und wie reagiert sie darauf?
- ◢ Welche Änderungen bemerkt sie auf der Straße?
- ◢ Welche filmischen Mittel benutzt Wolfgang Becker in dieser Szene und was will er damit sagen?
- ◢ Welches komische Ereignis passiert auf der Straße und welche Bedeutung hat das für den Film?

❚ Wie reagieren Alex und Ariane, als sie ihre Mutter auf der Straße sehen?

❚ Was ist der Zweck dieser Szene in dem Film als Ganzem?

5 Wie wird West-Deutschland (die BRD) in dem Film dargestellt?

Besprechen Sie die folgenden Punkte:

❚ die „Kultur", die Alex bei seinem ersten Besuch im Westen entdeckt

❚ die verschiedenen Firmen, die nach der Wende in den Osten kommen

❚ die Person Rainers und seine Rolle in dem Film

❚ das Benehmen des Bankbeamten

❚ das Haus und die Gegend, wo Alex' Vater wohnt

❚ Alex' Arbeitskollege Denis.

6 Wie entwickelt sich die Beziehung zwischen Lara und Alex?

Schreiben Sie einen Absatz, in dem Sie die folgenden Punkte besprechen:

❚ ihr erstes Treffen

❚ ihr Wiedersehen im Krankenhaus

❚ Alex' Besuche bei seiner Mutter

❚ ihr Leben zusammen

❚ der Streit auf Christianes Geburtstagsparty

❚ Laras Meinung über die Wahrheit.

Nützliche Vokabeln für Aufsätze

Als Einleitung

Der Film handelt von ... The film is about...

Am Anfang des Films At the beginning of the film

In diesem Aufsatz beabsichtige ich ... In this essay I intend to...

Zunächst / Als erstes To start with / First of all

Zum Film

einen Film drehen to make a film

das Drehbuch screen play

der Drehbuchautor screen play writer

der Regisseur director

der Schauspieler actor

die (Haupt)rolle (main) role/part

das (Haupt)thema (main) theme

die Handlung action

der Film spielt in Berlin the action takes place in Berlin

der Film findet im Jahre / in den Jahren ... statt the film takes place in the year / in the years...

die Szene scene (of film)

der Schauplatz scene (where something takes place)

die Einstellung shot

die Beleuchtung lighting

der Ton sound

die Kamerabewegung camera movement

der Schnitt cut, editing

die Gattung genre

der Liebesfilm romantic film

der Geschichtsfilm historical film

die Komödie comedy

die Tragödie tragedy

die Tragikomödie tragi-comedy

der (geschichtliche) Hintergrund (historical) background

der Zuschauer (die Zuschauer) viewer (audience)

der Kinoerfolg cinema hit

Meinungen

Ich bin der Meinung/Ansicht dass, ... I am of the opinion that...

Meiner Meinung nach In my opinion

Meines Erachtens In my opinion

Beispiele

Ein typisches/weiteres/wichtiges Beispiel ist ... A typical/ further/important example is...

Das interessanteste Beispiel ist vielleicht ... The most interesting example is perhaps...

Dieses Beispiel / Diese Szene illustriert / macht klar, dass / verdeutlicht ... This example / This scene illustrates / makes it clear that / shows clearly...

Vergleiche

Im Gegensatz zu ... In contrast to...

Im Gegenteil On the contrary

im Vergleich zu (+ Dativ) / verglichen mit (+ Dativ) In comparison with

Einerseits ... andererseits On the one hand ... on the other hand

Auf der einen Seite ... auf der anderen Seite On the one hand ... on the other hand

Zur Interpretation

Dies könnte man als ... interpretieren This could be interpreted as...

In Betracht ziehen To take into consideration

In Bezug auf (+ Akkusativ) With reference to...

Man kann auch ... erwähnen One can also mention...

In mancher Hinsicht In many respects

Insbesondere / Im Besonderen Especially

Genauer gesagt, ... More exactly,...

Außerdem / Darüber hinaus ... Furthermore

Zudem In addition

Vor allem Above all

Der Grund dafür ist ... The reason for that is...

Aus diesem Grund kann man sagen, dass ... For this reason one can say that...

Zusammenfassung

Ohne Zweifel Without doubt

Wie ich das sehe, As I see it,

Ich bin davon überzeugt, dass ... I am convinced that...

Es ist nicht zu leugnen/bezweifeln, dass ... It cannot be denied/ doubted that...

Im Großen und Ganzen ... On the whole...

Im Allgemeinen In general

Im Grunde genommen Basically

Schließlich kann man sagen, dass ... Finally it can be said that...

Zum Schluss / Abschließend In conclusion

Kurz gesagt Put briefly / in a few words

Es scheint also, dass ... It therefore appears that...

Zusammenfassend kann man sagen, dass... In summary one can say that

Am Ende des Films At the end of the film

Ich habe den Eindruck, dass ... I have the impression that...

8 Sample essays

AS essays

Although a mark is awarded in the examination for use of language (AO3), all the example essays used here are grammatically accurate, and the examiner comments focus on the students' ability to critically and analytically respond to the question (AO4).

Frage 1

Wie reagieren die verschiedenen Personen in dem Film auf die Wende? Sind ihre Meinungen positiv oder negativ?

Sie können die folgenden Stichpunkte benutzen:

- Alex
- Ariane
- die Nachbarn
- Rainer

Student A

Alex findet das politische System in der DDR schlecht. Aber er versteht, dass die Wende einen neuen Anfang bedeutet. Er sagt, der Mauerfall ist „der Beginn einer großen Altstoffsammlung". Er besucht Klubs in West-Berlin. Nach der Wende ist er arbeitslos, aber er bekommt eine neue Stelle bei einer Satellitenfirma.

Aber seine Mutter darf nichts von der Wende wissen, und das bringt viele Probleme. Er kann Spreewald-Gurken und Mocca-Fix-Gold nicht kaufen. Er muss Sachen wie Coca-Cola und Leute aus dem Westen erklären. Also dreht er mit seinem Freund Denis die Sendungen von „Aktuelle Kamera".

Manchmal unterstützt er die alte DDR. Er sagt dem Bankbeamten, dass er doof ist, weil er das Geld seiner Mutter nicht wechseln will. Er streitet mit Rainer, weil er die Ossis und seine Mutter kritisiert.

Ariane findet die Wende gut. Sie gibt ihr Studium auf, damit sie bei Burger King Geld verdienen kann. Sie modernisiert die Wohnung und beginnt ein neues Verhältnis mit Rainer. Sie sagt, dass die alte DDR-Kleidung schlecht war, und protestiert über die Qualität der alten Windeln aus der DDR.

> Sie findet es doof, dass Alex ihre Mutter nach Hause bringen will, aber am Anfang macht sie mit.
>
> Die alten Nachbarn finden das neue Deutschland schlecht. Herr Ganske ist arbeitslos und meint, der Staat hat ihn verraten. Herr Meinerts Tochter hat ihre Arbeitsstelle verloren, und er findet es gut, dass Christiane nichts von der Wende weiß. Sie zeigen (N)Ostalgie, als sie auf Christianes Party die alten DDR-Lieder singen.
>
> Rainer kommt aus dem Westen. Er will im Osten so schnell wie möglich viel Geld verdienen. Er ist viel reicher als die Ostdeutschen und hat in seinem Zimmer ein Sonnenbett und eine moderne Jalousie. Für Christianes Party muss er eine Biografie lernen, aber die Wörter sind schwierig und er vergisst sie. Er hat einen Streit mit Alex und meint, dass die Ostdeutschen immer unzufrieden sind.
>
> 311 words

Kommentar

Student A presents ideas simplistically and there is little critical analysis. Apart from Alex, only one side of the character's response is shown.

Each person's response to the *Wende* is dealt with in an isolated paragraph. The essay follows the bullet points, but no use is made of linking phrases such as *im Gegensatz zu*. As a result there is little suggestion that the essay is a unified whole.

There are references to various incidents in the film, but they are rarely supported by quotation from the screenplay. The one quotation that is used is inaccurate.

Student A has a restricted level of vocabulary and expression, which is at times repetitive: 'findet die Wende gut', 'finden das neue Deutschland schlecht'. The inclusion of some more carefully selected vocabulary and expressions would take the essay to a higher level. Many ideas are expressed in simple sentences. It would improve the essay if these were joined together by conjunctions.

It is likely Student A would receive a mark in the middle band for AO4.

Student B

> Alex ist mit dem politischen System der DDR unzufrieden. Aber er weiß, dass eine Änderung bald kommt („es roch nach Veränderung"), und als die Berliner Mauer fällt, kommentiert er zynisch, es sei der „Beginn einer gigantischen Altstoffsammlung". Nach der Wende bekommt er eine neue Arbeitsstelle und besucht West-Berlin.

Aber sein Plan, seine Mutter gegen die Kenntnis der Wende zu schützen, bringt eine Menge Probleme mit sich. Produkte wie Spreewald-Gurken und Mocca-Fix-Gold sind nicht mehr zu bekommen, und er muss seiner Mutter erklären, warum es in Ost-Berlin Coca-Cola-Werbung und Westautos gibt.

Die Wende hat auch für Alex negative Folgen. Als der Bankbeamte das Geld seiner Mutter nicht wechseln will, protestiert er: „Das war unser Geld, verdammte 40 Jahre lang". Im Streit mit Rainer verteidigt er die alte DDR: „Meine Mutter … versucht durch konstruktive Kritik, die Verhältnisse in der Gesellschaft schrittweise zu verändern."

Ariane steht als Kontrastfigur zu Alex. Sie betrachtet die Wende als eine Gelegenheit, ihre Lebenssituation zu verbessern. Sie gibt ihr Studium auf und nimmt eine Stelle bei Burger King an. Sie modernisiert die Familienwohnung und beginnt, modische Kleidung aus dem Westen zu tragen. Ihre Meinung über die alte DDR-Kleidung ist klar: „So einen Schrott hatten wir."

Im Gegensatz zu Alex und Ariane stehen die alten Nachbarn. Sie kommen mit dem neuen Deutschland schlecht zurecht. Herr Ganske ist arbeitslos geworden und meint, die Regierung habe ihn „verraten und verkauft". Herr Meinert findet es „beneidenswert", dass Christiane nichts von der Wende weiß. Auf der Geburtstagsparty singen sie mit Freude die alten DDR-Lieder.

Als „Wessi" bietet Rainer einen Kontrast zu den anderen Personen im Film. Er zeigt wenig Verständnis für die Werte der Ostdeutschen. Er bringt ein Sonnenbett und moderne Jalousien aus dem Westen mit und kann die DDR-Terminologie, wie „Gruppenratsvorsitzender", schlecht verstehen. Er kritisiert die Leute der DDR: „Euch Ossis kann man nichts recht machen. Hauptsache, ihr habt immer was zu meckern."

In den verschiedenen Personen des Films stellt Wolfgang Becker eine Breite von Reaktionen auf die Wende dar.

329 words

Kommentar

Student B makes points well and supports them with quotations from the film. There are many direct quotations from the screenplay showing a good knowledge of the text, as well as direct allusions to incidents or people, showing that the student has a good knowledge of the film.

The essay is well structured and the paragraphs are linked by phrases such as *im Gegensatz zu*, *als Kontrastfigur zu Alex*, which helps to form the essay into a unified whole. The student does not neglect to mention both the positive and negative sides of each character. The vocabulary is well chosen and demonstrates a good German style. The final paragraph briefly expresses a personal viewpoint.

Although the essay is slightly over the suggested word limit, this is acceptable: the examiner will mark everything the student writes, but do make sure the German remains accurate.

It is likely Student B would receive a mark in the top band for AO4.

Frage 2

Wie wichtig ist Christianes Lüge für den Film?

Sie können die folgenden Stichpunkte benutzen:

- der Anfang des Films
- das neue Leben der Familie Kerner
- Christianes Bekenntnis im Garten der Datsche
- die Wiedervereinigung mit Robert

Student A

Am Anfang des Films erfahren wir, dass Robert Kerner, der Vater von Alex, in den Westen geflohen ist. Die Stasi macht ein Interview mit seiner Frau Christiane und meint, er habe Republikflucht begangen. Man sagt, er habe im Westen eine Frau kennen gelernt und ist dort mit ihr geblieben. Christiane nimmt sein Bettzeug vom Bett und steckt seine Kleidung in einen Sack, der nach Afrika geschickt wird.

Um diese Lücke in ihrem Leben auszufüllen, engagiert sich Christiane mit dem Leben der DDR. Sie wird Leiterin bei den Jungen Pionieren, wo sie Ausflüge organisiert und einen Chor leitet. Im Voice-over sagt Alex „Meine Mutter hat sich mit unserem sozialistischen Vaterland verheiratet." Weil er keinen wirklichen Vater hat, betrachtet Alex den Kosmonauten Sigmund Jähn als eine Art Vater.

Der Hauptteil des Filmes beschäftigt sich mit Alex' Lüge. Er versucht, seine Mutter zu überzeugen, dass die DDR noch existiert. Aber am Ende des Films will er diese Lüge zu Ende bringen. In dem Garten der Datsche ist er gerade dabei, seiner

Mutter die Wahrheit zu sagen, als sie ihre eigene Wahrheit erzählt. Sie hat auch gelogen. Der Vater ist nicht „wegen einer anderen Frau" im Westen geblieben. Sie hätte ihm mit ihrer Familie folgen sollen, aber sie hatte Angst und hat es nicht gemacht. Der Vater hat auch geschrieben, und sie hat seine Briefe hinter dem Küchenschrank versteckt. Sie sagt, dass sie ihren Mann noch einmal sehen möchte.

Alex besucht seinen Vater in Wannsee, und der Vater besucht Christiane im Krankenhaus. Die Familie kommt also wieder zusammen.

Christianes Lüge ist also sehr wichtig für den Film. Am Anfang glauben wir, dass der Vater Republikflucht begangen hat, aber am Ende erfahren wir, dass das eine Lüge ist. Christianes Geschichte am Ende des Films ist sowohl für den Zuschauer als auch für die Familie eine große Überraschung.

302 words

Kommentar

The main problem with this essay is that the student tends to narrate rather than comment. While knowledge of the film appears to be good, there is little critical analysis. Some statements, such as Sigmund Jähn serving as a surrogate father, hint at analysis, but the meaning needs to be made clearer.

The student does not mention the early scenes in the garden of the family dacha, which show them living a pleasant life as a normal family. This could then be linked to the scene in the dacha garden at the end of the film.

The last paragraph does come to a conclusion, but more could be made of the contrast between the lies which Alex has been perpetrating and that which Christiane has been living.

This student could also have drawn out the parallels between the political and family events shown in the film. The reunification of Germany is paralleled by the reunification of the Kerner family.

It is likely Student A would receive a mark in the middle band for AO4.

Student B

Der Drehbuch-Autor von „Good Bye, Lenin!" sagte, dass es im Film um die Liebe eines Sohnes zu seiner Mutter ging. Und um Lügen. Alex' Lügen sind ganz deutlich, aber am Ende des Films erfahren wir, dass Christiane auch gelogen hat.

Die Anfangsszene findet im Garten der Datsche statt und zeigt eine ganz normale Familie, die ein glückliches Zusammenleben genießt. Alex' Vater nimmt diese freudigen Momente mit seiner Kamera auf.

Aber dieses Glück wird zerstört, als die Stasi die Familienwohnung besucht und behauptet, der Vater habe Republikflucht begangen. Als Christiane später das Bettzeug ihres Mannes vom Bett nimmt und seine Kleider wegwirft, wissen wir, dass ihre Ehe zu Ende ist.

Um ihren Mann zu vergessen, engagiert sich Christiane für das gesellschaftliche Leben der DDR. Alex betrachtet das als eine Art Heirat. Er kommentiert zynisch: „Meine Mutter hat sich mit unserem sozialistischen Vaterland verheiratet."

Der Hauptteil des Films zeigt Alex' Versuche, eine scheinbare DDR-Welt zu konstruieren. Am Ende kehrt der Film zu seinem Anfangspunkt im Garten der Datsche zurück, aber diesmal findet keine glückliche Szene statt. Christiane erklärt, dass sie die Familie belogen hat.

Christianes Monolog betont die Wichtigkeit dieser Szene. Sie redet, und die Familienmitglieder hören schweigend zu. Die Kamera zeigt ihre schockierten Reaktionen. Christiane erzählt, die Geschichte von „der anderen Frau" wäre eine Lüge. Der Vater habe tatsächlich geschrieben. Sie hat 10 Jahre lang mit dieser Lüge gelebt, weil sie nicht den Mut hatte, ihrem Mann in den Westen zu folgen. Der Zuschauer wird von dieser Offenbarung ebenso überrascht wie die Familie selbst.

Aber Christianes Offenbarung hat eine glückliche Folge. Wie die zwei Teile Deutschlands werden am Ende des Films auch die getrennten Teile der Familie Kerner vereinigt.

Der Film stellt also einige wichtige Fragen: Darf man überhaupt lügen? Sind Notlügen gerechtfertigt? Darf man Lügen erzählen, die eine Wirkung auf andere Leute haben? Ich meine, Christianes Lüge ist ein wichtiger Bestandteil dieser Diskussion.

312 words

Kommentar

The opening paragraph provides a brief introduction to the theme of the essay, while at the same time showing that the student has some knowledge of the background to the making of the film.

The essay as a whole focuses less on the events of the film, but rather on their critical importance.

The contrast between the scene in the garden of the dacha and the scene where the Stasi comes to the family's flat is clearly pointed out.

The structure of the film is alluded to as the two scenes in the garden of the dacha at the beginning and end of the film are compared. The significance of the second scene in the dacha garden is closely examined and its significance commented on.

The concluding paragraph relates Christiane's lie to the issues raised by the film as a whole. It is likely Student B would receive a mark in the top band for AO4.

A-level essays
Frage 1

> *Good Bye, Lenin!* wird oft als eine Tragikomödie bezeichnet. Inwiefern finden Sie diese Bezeichnung richtig?

Student A

„Good Bye, Lenin!" handelt von einem sehr ernsten Thema, der Wiedervereinigung Deutschlands und Alex' Versuchen, die Änderungen im Land vor seiner Mutter zu verbergen. Der Fall der Berliner Mauer, das Verschwinden des sozialistischen Systems in der DDR und die Ankunft der D-Mark waren sehr wichtige historische Ereignisse. Sie werden durch das Einschneiden von Bildern aus alten Nachrichtensendungen und die Schlagzeilen in Zeitungen gezeigt.

Aber es ist für Alex sehr wichtig, dass seine Mutter, eine überzeugte Sozialistin, nach ihrem Koma nichts von diesen Entwicklungen erfährt. Die Situation ist sehr ernst, weil, wenn seine Mutter die Wahrheit erfährt, sie einen zweiten Herzinfarkt haben könnte.

Der politische Hintergrund und die Bedeutung von den Änderungen für Christiane sind also zwei seriöse Themen in dem Film.

Aber Alex' Versuche, die Wahrheit vor seiner Mutter zu verbergen, führen zu schwierigen Situationen. Er muss Erklärungen für verschiedene Sachen finden, wie zum Beispiel das Erscheinen von einer Coca-Cola-Werbung am gegenüberliegenden Gebäude und die vielen Westdeutschen und ihre Autos in Ost-Berlin. Um dies zu machen, macht er mit seinem Freund Denis seine eigenen Versionen von der Nachrichtensendung „Aktuelle Kamera". Diese sind oft sehr lustig.

Alex' Kommentar im Voice-over ist auch sehr lustig. Er nennt die Armee der DDR einen „überdimensionierten Schützenverein" und der Protestmarsch ist „ein Abendspaziergang". Als die deutsche Fußballmannschaft Weltmeister wird, nennt er das „Planüberfüllung".

Es gibt auch viele andere lustige Szenen. Die Jalousie in der Wohnung fällt Rainer auf den Fuß und er springt nackt durch das Zimmer. Als Alex Ariane fragt, was sie zu ihrem Vater gesagt hat, antwortet sie mit dem Burger-King-Spruch „Guten Appetit und vielen Dank, dass Sie sich für Burger King entschieden haben." Rainer hat seine angebliche DDR-Biografie schlecht gelernt, und Alex muss ihn unterbrechen, bevor Christiane erkennt, dass sie falsch ist. Frank und Christian kommen, um Christiane ein Lied vorzusingen, weil sie gehört haben, sie können dadurch 20 Mark verdienen.

Weil der Film ein ernstes Thema hat, aber auch viel Komik enthält, kann man ihn als eine Tragikomödie beschreiben.

328 words

Kommentar

The student does not give a definition of the term 'tragicomedy', so the reader does not really know what it is that they are trying to define. It is important in writing about a technical term such as this that you explain what is meant by it.

Various humorous moments in the film are described, but there is no attempt to differentiate between them, or to give a name to them.

The final (rather brief) paragraph suggests that tragicomedy consists of a combination of seriousness and humour, but there is no indication of how well the student thinks the producer has combined them.

There is perhaps an over-use of the adverb *sehr*. Try to be aware of this and avoid using it too frequently in your essay.

It is likely Student A would receive a mark in the middle band for AO4.

Student B

Der Ausdruck „Tragikomödie" bedeutet, dass ernste, traurige Themen mit Komik verbunden werden. Der Film „Good Bye, Lenin!" bespricht ernste Themen, aber sie führen oft zu lustigen Situationen oder werden mit Humor kommentiert. Der Humor in dem Film hat verschiedene Formen, die ich hier besprechen werde.

Der Film hat ein ernstes politisches Thema, nämlich die Wiedervereinigung Deutschlands und das Ende der DDR, und dies wird durch die Bilder der Armee, der Demonstrationen und des Mauerfalls verdeutlicht. Aber auch für Alex ist die Situation ernst: Seine Mutter darf nichts von diesen Ereignissen erfahren, sonst könnte sie einen zweiten Herzinfarkt erleiden.

Aber aus seinen Versuchen, seine Mutter vor der Wahrheit zu schützen, entstehen lustige Situationen. Er muss dauernd seine Erfindungskraft benutzen, um neue Entwicklungen zu erklären. Coca-Cola wird also ein ostdeutsches Getränk. Die Westdeutschen in Ost-Berlin sind Flüchtlinge aus dem Westen. Der Kosmonaut Sigmund Jähn wird zum Nachfolger Honeckers ernannt.

Alex' zynischer Kommentar im Voice-over ist auch eine Quelle des Humors. Er nennt die Armee der DDR einen „überdimensionierten Schützenverein"; der Protestmarsch ist „ein Abendspaziergang" und der Fall der Mauer „der Beginn einer gigantischen Altstoffsammlung". Ein weiteres Beispiel von verbalem Humor ist Arianes Antwort, als Alex fragt, was sie zu ihrem Vater gesagt hat: „Guten Appetit und vielen Dank, dass Sie sich für Burger King entschieden haben."

Der Film enthält auch einige sogenannte „Running Gags", wie zum Beispiel das Lied „Unsere Heimat". Es wird am Anfang ganz ernst und schön von Christianes Chor gesungen, wird dann von den Schülern auf ihrer Geburtstagsparty gesungen, bis es schließlich von Frank und Christian unmelodisch gesungen wird, weil sie gehört haben, dass man für das Singen 20 Mark verdienen kann.

Manchmal aber besteht der Humor aus purer Farce. Die Jalousie fällt Rainer auf den Fuß und er springt nackt durch das Zimmer. Dr. Klapprath ist betrunken, als Alex ihn zur

Party abholt, und er muss ihn ausnüchtern. Als Christiane auf der Straße spazieren geht, wird ein altes Denkmal von Lenin vorbeigeflogen.

Manchmal wird deutlich gezeigt, wie klein der Unterschied zwischen Tragödie und Komödie ist. Als Christiane ihren Spaziergang auf der Straße macht, schmunzeln wir. Als sie aber die Werbung und die westlichen Autos sieht, halten wir auch den Atem an, falls sie die Wahrheit entdeckt.

Ich bin der Meinung, dass Wolfgang Becker diese verschiedenen Elemente von Tragik und Komik in seinem Film gut kombiniert hat, und dies ist einer der Gründe, warum der Film in den deutschen Kinos ein Riesenerfolg war.

404 words

Kommentar

The essay starts with a definition of the term 'tragicomedy' and also alludes to the different forms of comedy which will be discussed.

The essay has a good, clear structure. It begins with a definition of the term under discussion; discusses both the serious and the humorous elements of the film; analyses the different types of humour; shows how they are combined in a single scene, and it comes to a conclusion with a personal opinion.

There are plenty of examples and references to the film to support the writer's argument.

It is likely Student B would receive a mark in the top band for AO4.

Frage 2

Welche filmischen Mittel benutzt Wolfgang Becker in *Good Bye, Lenin!* und wie erfolgreich sind sie?

Student A

Der Film „Good Bye, Lenin!" ist ein sehr erfolgreicher Film und hat sehr viele Preise gewonnen. Der Film war 5 Wochen lang auf Platz 1 in den deutschen Kinocharts und ist einer der erfolgreichsten deutschen Filme aller Zeiten.

Das Voice-over ist der wichtigste Teil des Films. Im Voice-over hören wir Alex' Meinung über die Ereignisse, die er beschreibt. Alex' Kommentar ist oft sehr lustig. Er beschreibt die

Armee der DDR zum Beispiel als einen „überdimensionierten Schützenverein". Ein Schützenverein ist ein Klub in vielen deutschen Dörfern, wo die Männer schießen können, aber es passt nicht zu den großen Waffen der Armee.

Sehr viele Szenen in dem Film sind Two-Shots. Sie zeigen, wie die Personen miteinander auskommen. Alex und seine Mutter im Krankenhaus, Lara und Alex in der Disko, Alex und Ariane im Badezimmer sind alle Beispiele von einem Two-Shot. In einem Two-Shot sieht der Zuschauer sehr oft die Reaktion von der anderen Person im Gespräch.

In dem Film gibt es auch Teile von alten Nachrichtensendungen. Die Bilder von dem Fall der Berliner Mauer, der Ankunft der D-Mark in Ost-Berlin und der Fußballweltmeisterschaft sind alle echte Bilder. Sie zeigen die Ereignisse, die im Jahre 1989 stattfanden. Auch gibt es Bilder von Sigmund Jähn als der erste Deutsche im Weltall.

Als Alex und Denis die Satellitenschüsseln bringen, und als sie die alten Möbelstücke in Christianes Zimmer zurückbringen, läuft der Film schneller. Das Leben in dem vereinigten Deutschland ist auch schneller geworden. In diesen Szenen gibt es auch im Hintergrund eine sehr schnelle Musik.

Zusammenfassend kann man sagen, dass Wolfgang Becker viele interessante technische Methoden in seinem Film benutzt hat.

265 words

Kommentar

The introductory paragraph is just a list of facts about the film and is irrelevant to the topic suggested by the essay title. This may be an introduction which the student has used for many essays (maybe it is even pre-learnt), but it does not serve as an introduction to the essay as a whole and is therefore inappropriate here. The introduction, which need only be brief, should give some indication of how you are going to approach the topic.

Only one example of the humour of Alex' commentary is given. It helps to support the point you are making if you are able to give a number of examples. The explanation of the term *Schützenverein* is also somewhat unnecessary.

No definition of a two-shot is given and there is no critical appreciation as to why the technique is used. The examples are offered without comment on their purpose or their effectiveness.

There are few references to the technical language of films, which might be expected in an essay of this nature. It is a good idea to use words like *Einstellung, einen Film drehen* and *der Ton* to show that you are aware of the language of film-making.

The examples of the use of old newsreel footage amount to little more than a list. The fact that they took place in 1989 is mentioned, but there is no explanation as to how they are related to the theme of the film as a whole. Nor is the relationship between the faster film sequences and the accompanying music explained.

Although the student uses the word *zusammenfassend* at the beginning of the final paragraph, the summary is rather brief.

The essay is rather short for an A-level essay. The additional space could have been used to add some of the omissions mentioned above.

It is likely Student A would receive a mark in the middle band for AO4.

Student B

In „Good Bye, Lenin!" hat Wolfgang Becker eine Vielzahl von filmischen Mitteln benutzt. Ich werde hier die wichtigsten besprechen, nämlich das Voice-over, die Two-Shots, die Auszüge aus alten Fernsehsendungen und die Beschleunigung des Films.

Das Voice-over wird von Alex gesprochen. Wir sehen das ganze Geschehen des Films aus seiner persönlichen Perspektive. Der zynische Kommentar von Alex steht oft im Gegensatz zu den ernsten politischen Ereignissen, die gezeigt werden. Er nennt die Panzer und Raketen der DDR einen „überdimensionierten Schützenverein", den Fall der Berliner Mauer den „Beginn einer gigantischen Altstoffsammlung" und den Protestmarsch einen „Abendspaziergang". Diese Ausdrücke spiegeln Alex' Unzufriedenheit mit seinem Heimatstaat wider, tragen aber auch sehr viel zur Komik des Films bei.

Der Film enthält sehr viele sogenannte Two-Shots — eine Einstellung, wo zwei Personen in dem Bild erscheinen. Der Grund dafür ist, dass der Film von den Beziehungen zwischen den Personen handelt. Die Two-Shots betonen die tiefe Liebe zwischen Alex und seiner Mutter (wie in dem Gespräch in der Klinik), das unsichere Verhältnis zwischen Alex und seiner Schwester Ariane, und die wachsende Liebe zwischen Alex und Lara.

Die Auszüge aus alten Nachrichtensendungen, wie der Fall der Berliner Mauer und die Ankunft des Westgeldes in der DDR, haben den Zweck, den Film in einen geschichtlichen Kontext zu setzen. Sie zeigen, wie sich das Leben der Familie Kerner vor diesem politischen Hintergrund abspielt. Der Zuschauer sieht den Fall der Berliner Mauer und die Ankunft der D-Mark. Alex und Denis benutzen Auszüge aus Nachrichtensendungen, um ihre verfälschten Versionen von „Aktuelle Kamera" zu drehen. Die Sendungen vom Sandmännchen verbinden die Anfangsszenen des Films mit der Szene am Ende, wo Alex seine Halbgeschwister kennen lernt.

Die Beschleunigung des Films an einigen Stellen, wie zum Beispiel als Alex und Denis ihre Satellitenschüsseln liefern, wie sie Christianes Zimmer in seinen alten Zustand bringen, und wie Denis sich beeilt, Alex den neuen Videofilm zu bringen, sollen zeigen, wie schnell sich das Leben in dem neuen Deutschland ändert, und auch wie stressig das Leben für Alex geworden ist. Das schnelle Leben wird von der Filmmusik unterstrichen: dem dringenden Rhythmus der Titelmusik, wie auch der Wilhelm-Tell-Ouvertüre.

Ich finde, diese filmischen Mittel sind einige der Methoden, die Wolfgang Becker benutzt hat, um einen lebendigen und interessanten Film zu drehen, der zu einem großen Erfolg bei den Kinobesuchern geworden ist.

380 words

Kommentar

The opening paragraph gets straight to the heart of the matter and outlines the various cinematic techniques which the student intends to discuss. These provide a skeleton structure for the essay, which the subsequent paragraphs then develop in more detail.

The student displays a good critical sense and explains the aims of various aspects of the film: why the voice-over is effective; why the two-shots are used; the reason for using actual newsreel footage; and the purpose of speeding up the film.

Good use is made of examples from the screenplay to help to support the points being made. The quotations are only brief, but they display a good knowledge of the film. The two-shots are illustrated by a number of different examples, as is the use of actual newsreel footage. The use of adjectives such as *zynisch*, *ernst* and *dringend* help to show a critical approach to the film.

The student demonstrates some knowledge of technical expressions relating to film-making, by using words such as *Two-Shot*, *drehen*, *Filmmusik* and

Beschleunigung. A brief definition of a two-shot helps the reader to know what is meant by this term.

Use of more complex structures such as the passive voice and subordinate clauses helps to take the language of the essay to a higher level, as does the use of verbs such as *beitragen*, *widerspiegeln* and *betonen*.

It is likely Student B would receive a mark in the top band for AO4.

9 Top 10 quotations

In order to be able to recall essential aspects of the film, it is advisable for you to focus on quotations. You do not necessarily need to learn them by heart, but it is important to recall and even paraphrase them when you write about the film.

The following are the top 10 quotations from the film *Good Bye, Lenin!*.

„Meine Mutter hat sich von dieser Zeit an mit unserem sozialistischen Vaterland verheiratet."

1

◥ Als der Film beginnt, erfahren wir, dass Alex' Vater Republikflucht begangen hat. Er ist nach West-Berlin geflohen und nicht mehr zurückgekommen. Als Zeichen, dass ihre Ehe zu Ende ist, nimmt Christiane sein Bettzeug vom Bett und steckt seine Kleidung in einen Sack, der zu Wohltatszwecken nach Mosambik geschickt werden soll. Sie wird dann Leiterin bei den Jungen Pionieren, wo sie Ausflüge organisiert, einen Chor leitet und spielerische Aktivitäten unternimmt. Dieses Engagement soll Christiane helfen, ihre traurige Lage zu vergessen, aber für ihr selbstloses Tun wird sie mit einer Auszeichnung vom Staat belohnt.

„Guten Appetit und vielen Dank, dass Sie sich für Burger King entschieden haben."

2

◥ Das ist der Gruß, mit dem die Burger-King-Kassiererin den Kunden ihr Essen überreicht. Die Zeile kommt dreimal in dem Film vor:

   ◥ Das erste Mal hören wir die Zeile, als wir Ariane in ihrer neuen Rolle sehen. Sie zeigt dem Zuschauer Arianes Bereitschaft, das Leben in dem vereinigten Deutschland zu akzeptieren. Als alleinerziehende Mutter braucht sie dringend Geld. Sie hat ihr Wirtschaftsstudium aufgegeben, und diese Stelle bietet ihr die Gelegenheit, ihre finanzielle Lage zu verbessern.

   ◥ Das zweite Mal zitiert Alex den Gruß ironisch. Er bespricht die Lage seiner Mutter mit Ariane und sagt, dass sie ihr nicht von Arianes neue Stelle erzählen können. Die Wahrheit wird also ein Opfer seiner erfundenen Lüge.

   ◥ Das dritte Mal wird die Zeile zum Witz. Nachdem Ariane zu ihren Vater bei Burger King gesehen hat, fragt Alex, was Ariane zu ihm gesagt hat, und sie antwortet mit diesem spruchartigen Gruß.

„Mensch, wo lebst du denn? Wir haben jetzt die D-Mark, und da kommst du mit Mocca-Fix und Fillinchen."

3

◥ Dieses Zitat fasst die plötzliche Änderung zu einer kapitalistischen Gesellschaft zusammen, die nach der Wende in der DDR stattgefunden hat.

▼ Als Alex zum Supermarkt geht, um Spreewald-Gurken für seine Mutter zu kaufen, sind die Regale voller Produkte aus dem Westen. Als er nach den alten DDR-Produkten fragt, bekommt er von der Verkäuferin die obige Antwort. Ihr Erstaunen zeigt, dass sie die neuen Verhältnisse und die neue Währung völlig akzeptiert hat. Alex kommentiert den Wandel: „Über Nacht hatte sich unsere graue Kaufhalle in ein buntes Warenparadies verwandelt. Und ich wurde als Kunde zum König."

4 "So weit haben sie uns schon, dass wir im Müll rumpflücken müssen. … Sie haben uns verraten und verkauft."

▼ Dieses Zitat von dem alten Nachbarn Herr Ganske bietet einen Kontrast zum vorigen. Er meint, Alex sucht in der Mülltonne nach Lebensmitteln und nützt die Gelegenheit aus, sein Kommentar über die Wende zu äußern. Er vertritt die Meinung der älteren Generation, die sich von der DDR-Regierung verraten fühlt. Als Folge der Wende ist Herr Ganske arbeitslos geworden. Das Leben, das er 40 Jahre lang gekannt hat, ist über Nacht verschwunden.

GRADE BOOSTER

Learn some short quotations to use in your essays to support the points you are making, but make sure the quotation is relevant.

5 „Ich fühlte mich wie der Kommandant eines U-Bootes der Nordmeer-Flotte. Kaum hatte ich ein Leck geschlossen, brach ein neues aus."

▼ Diese Zeile fasst die Lage zusammen, in der Alex sich in der Mitte des Filmes befindet. Sie beschreibt die chaotische Situation, die sein Plan, die Wende vor seiner Mutter zu verheimlichen, herbeigeführt hat. Die Fortsetzung der Rede zeigt die Folgen des Plans. Ariane ist nicht mehr bereit, bei dem Betrug mitzumachen („Ariane versagte mir die Waffenbrüderschaft"). Die Werte des alten Staates sind verschwunden – die Ausbreitung des Kapitalismus (durch Coca-Cola und Burger King symbolisiert) ändert das Gesicht des Landes („der Klassenfeind hisste die Cola-Flagge"). Und die 30.000 Mark, die seine Mutter gespart hat, sind nichts mehr wert: er muss das nutzlose Geld wegwerfen („ein frischer Westwind blies mir Mutters Geld um die Ohren").

6 "Meine Mutter meckert nicht. Sie versucht, durch konstruktive Kritik die Verhältnisse der Gesellschaft schrittweise zu verändern."

▼ Dieses Zitat ist der Gipfel der Auseinandersetzung mit Rainer – der Konflikt zweier entgegengesetzter Ideologien, nämlich des Sozialismus und des Kapitalismus. Die Beziehung zwischen Alex und Rainer ist nie gut gewesen. Alex bezeichnet ihn am Anfang als „Klassenfeind und Grillettenchef" und Rainer musste sein Zimmer räumen, damit Christiane ihr altes Zimmer zurückbekommen konnte. Rainer (als negativer Vertreter des Westens) hat kein Verständnis für das Leben in der DDR.

◥ Die Szene in der Küche spiegelt die Reaktion vieler Ostdeutscher wider, die das Gefühl hatten, die BRD habe einfach ihr Land übernommen und der DDR die Sitten und Systeme des Westens aufgedrängt.

"Du musst es deiner Mutter sagen."

7

◥ In dem Film ist es Lara, die die ganze Zeit auf Wahrheit besteht. Schon bei Christianes Geburtstagsparty hat Lara ihre Meinung über Alex' Lügen ausgedrückt: „Es ist mir zu gruselig, was du da machst." Sie ist verärgert, dass Alex seiner Mutter eine Lüge über ihren Vater erzählt hat.

◥ In der Wohnung, die sie mit Alex teilt, verlangt Lara also, dass Alex seiner Mutter die Wahrheit sagt. Später, im Garten auf der Datsche, gibt sie ihm einen bedeutenden Blick, damit er die Wahrheit sagt. Aber bevor er dies machen kann, kommt ihm seine Mutter mit ihrer eigenen Wahrheit zuvor.

◥ Schließlich ist es Lara, die Christiane die Wahrheit sagt, aber sie ist auch nicht ganz ehrlich. Sie sagt Alex nicht, dass seine Mutter die Wahrheit weiß. Und sie lässt ihn glauben, dass seine Mutter die Nachrichten von *Aktuelle Kamera* für die Wahrheit hält.

"Ich habe euch die ganze Zeit belogen."

8

◥ In dem Garten der Familien-Datsche am Ende des Films erzählt Christiane die Wahrheit. Sie gibt zu, dass sie auch gelogen hat: Ihr Mann ist nicht wegen „einer anderen Frau" im Westen geblieben. Weil sein Leben in der DDR sehr schwer war, hat er Republikflucht begangen, aber sie hatte nicht den Mut, ihm mit den Kindern zu folgen.

◥ Sie beichtet auch eine zweite Lüge. Der Vater hat Briefe geschrieben, die sie hinter dem Küchenschrank versteckt hatte. Als Alex später seinen Vater besucht, bestätigt er diese Tatsache: „Ich hab' 3 Jahre lang auf eine Nachricht von euch gewartet. … Nichts habe ich sehnlicher gewünscht."

◥ Diese Lüge Christianes ist eine Notlüge. Sie hat aus den besten Gründen gehandelt. Sie wollte nur ihre Kinder gegen die Wahrheit schützen. Der Regisseur stellt die moralische Frage, ob man in solchen Umständen lügen und wie weit man diese Lügen treiben darf.

„Wo kommst du denn her?" – „Aus einem anderen Land."

9

◥ Als Alex seinen Vater in Wannsee besucht, sieht er mit dessen Kindern fern. Der Halbbruder sagt, das Sandmännchen sei in der heutigen Sendung Astronaut. Alex weist darauf hin, dass man, wo er herkommt, eher das Wort Kosmonaut benutzt, was zu dieser Frage seiner Halbschwester führt. Dieser kleine Unterschied an Vokabular fasst die ganzen Themen des Films zusammen. Er deutet auf die verschiedenen politischen Systeme und die ganz anderen Lebensbedingungen in den beiden Staaten vor der Wende. Das waren zwei ganz andere Länder.

10

"Ein Land, das es in Wirklichkeit nie so gegeben hat."

Innerhalb der 79 Quadratmeter seiner Familienwohnung hat Alex versucht, für seine Mutter die DDR zu rekonstruieren. Trotz der vielen Schwierigkeiten ist es ihm mehr oder weniger gelungen. Alex sagt sogar selbst, dass das von ihm erfundene Land eigentlich besser war, als die DDR, die in Wirklichkeit existierte: „Die DDR, die ich für meine Mutter schuf, wurde immer mehr die DDR, die ich mir vielleicht gewünscht hätte." Der Film weist auf einige Schwächen der DDR: den Mangel an Meinungsfreiheit, die Begrenzung der Reisefreiheit, die Schwierigkeiten für Leute wie Robert Kerner, die nicht Mitglieder in der Partei waren, und die ihn zur Republikflucht getrieben haben. Durch ihre Arbeit für den Staat versucht auch Christiane, diesen idealen Staat herbeizuführen. Am Ende des Films bemerkt Alex, dass dieses Land in seiner Erinnerung immer mit seiner Mutter verbunden sein wird.